JN194671

Special Activities

How to foster the ability to create the future

未来を拓く力を育む

特別活動

田沼 茂紀〔著〕

Tanuma, Shigeki

北樹出版

はじめに

　これからの時代の特別活動はどうあればよいのかと本書の執筆構想を思い描いていた頃、山寺を訪れる機会があった。山寺とくれば、俳人の松尾芭蕉の名句が思い起こされよう。「閑さや岩にしみ入る蟬の声」と詠んだ松尾芭蕉は弟子の河合曾良を伴い、元禄2（1689）年に山寺こと宝珠山阿所川院立石寺へ参詣した。その折に詠んだ句であり、紀行文『奥の細道』に所収されている名句中の名句でもある。

　この一句を巡る解釈は様々あるようだが、おおよそにおいて芭蕉の精神世界を体現していると説明することができるようである。「蟬の声」が鳴り響いて騒々しい林間の筈なのに、厳しい修行道場である山寺の幽玄な世界に足を踏み入れたとたんなぜか蟬の声が遠のき、思わず自分の周りが静寂な世界に一変していることを芭蕉は自ら自覚したのであろう。そんなことを思い描きながら険しい参道を辿っていくとその中途に茶店があって、店先に1枚のお土産用日本手拭いが吊るされていた、そこには教訓が5つ、端的に染め抜かれていた。「日常の五心」とは倫理学者の和辻哲郎の人間観、「間柄的存在」として社会の中に生き続ける人間の基本要件として求められる資質・能力そのものに違いなかった。そこに記された五心とは、以下の通りである。大人も子供も知っている当たり前だけれどとても大切なそれぞれの言葉、その言葉がもつ響きと意味は限りなく重い。

　　《日常の五心》
　一、「ハイ」という素直な心
　一、「すみません」という反省の心
　一、「わたしがします」という奉仕の心
　一、「おかげさまです」という合掌の心
　一、「ありがとう」という感謝の心

　同様の教えは、他にも枚挙にいとまがない。例えば、「ならぬことは、ならぬ」とかつての会津藩の子弟たちに説いた「什（じゅう）の掟」も同様であ

る。子供たちは「什」という異年齢集団に属して遊びや交友関係、学問の進め方といった社会的な基礎力をその中で学びながら育ってきた。そこで身に付けた「人間関係構築力」、「社会参画力」、「自己実現力」といった集団や社会の一員としての身構え、実践基礎力は一人の人間として独立した人格形成を進める上で限りなく大きな役割を果たしてきたのである。

「郷に入りては郷に従え、門に入らば笠を脱げ、人に従わばまず言を聞け」といった格言もあるが、社会的存在として生きる人間にとって大切なのは集団や社会の形成者としての主体性、協働性、実践性といった資質・能力であるに違いない。

子供たちが生活時間の多くを過ごす場所は、言うまでもなく学校である。その学校で子供たちは教育課程という意図的かつ計画的な教育活動として組織化された顕在的カリキュラムを通してしっかり学ぶが、それと同時に意図するしないにかかわらず同時進行的に周囲の人間関係や環境、雰囲気といった問わず語りの潜在的カリキュラムと呼ばれるもう一つの裏カリキュラム（暗黙知：hidden curriculum）を感じ取って多くのことを学び、自らの成長の糧としていく。学校は「小社会」と称したのは米国の経験主義哲学者・教育学者のデューイ（J.Dewey）であるが、子供にとって全ての学びの場として機能する学校をイメージすると、そこでの学校知（school knowledge）として体現されるのは教科教育といった知育のみでなく、子供一人一人の人格形成に大きな影響を及ぼす社会性や道徳性の育みといった徳育、さらにはそれらの基となる健康・体力の増進といった諸々の資質・能力形成の視点が含まれていることが理解されよう。様々な課題山積の学校教育を考えると、教育課程における特別活動の位置、その果たす教育的役割はもっともっと評価されるべきではないかと思う次第である。

本書は教職課程でこれから特別活動を学ぶ学生、教職経験の浅い教師にその教育的意義や基礎的な知識・スキルを学んでいただくために構成した。参考文献等も平易なものを心がけたので真摯に学んでほしい。

目　次

未来を拓く力を育む特別活動

第 1 章

特別活動の教育的意義と育むべき資質・能力

1．なぜ特別活動が必要なのか

　昨今の学校教育を取り巻く現状に目を向ければ、そこにはいじめや不登校、校内暴力等々の問題行動のみならず、様々な学校病理現象が顕在化している。学校病理とは、学級崩壊・いじめ・校内暴力・学習意欲の減衰・授業放棄・子供の自殺・殺傷事件や違法行為といった反社会的行動・引きこもりや集団不適応等々、学校を軸に生ずる諸々の子供にかかわるネガティブな現実の総称である。

　学校は本来的に子供のために存在する場所である。ゆえに、学校教育の主人公は言うまでもなく子供であり、その主人公であるはずの子供自身がその小社会の中で生きにくさを感じたり、自らの学ぶ権利を放棄したりすることが日常的に出現する現実は、極めて異常かつ深刻な事態であろう。それは、古くから健全な人格形成の基となる知育、徳育、体育というトライアングルを均衡に施して育み育てる学校、家庭や地域と連携して実社会に巣立つまでの小社会として子供たちを保護し、健全育成するという社会的機能としての学校神話が揺らぎ、歪な様相を呈していることの証左でもあろう。

　オーストリアの哲学者・文明批評家であったイヴァン・イリッチ（I.Illich）は、著書『脱学校の社会』（1971年）の中で「制度としての学校化（schooling）の弊害」を指摘した。イリッチは、学校が社会制度として定着してくると人々は学ぶこととその学校に籍を置いて卒業することを混同するようになると説明する。そして、その内に何を学んだかではなく、どんな学校に通い、どこの学校を卒業したかということのみに関心が寄せられる価値の制度化という本来的な意味のすり替えが行われるようになると問題点を炙り出して当時の社会に衝撃を与えた。

　また、「学ぶ」ことに対する意味喪失を問題にして学歴信仰社会に警鐘を鳴らした研究者もいる。佐藤学（2000年）は『「学び」から逃走する子どもたち』という衝撃的なタイトルの著作で今日の学校教育の実情を的確に問題提起した。イリッチが指摘するような学校神話に基づく学歴信仰社会、学歴至上主義が顕在化すると、そこで学ぶ子供たちの学習意欲の二極化が必然的に出現する。一方の極では依然として学歴信仰を前提に学ぶことへのモチベーションを維持している層があり、もう一方では学ぶことへの積極的な意味を見いだせずにもがき苦しんでいる層がある。そして、その重心は確実に学ぶ意欲をもてないでいる層の拡大へと傾きつつあるのである。

　佐藤は、現代社会が創り出した学校神話の無意味さをいちばん敏感に感じ取っているのは他ならぬ当事者としての子供たち自身であると指摘する。新しい知識・情報・技術が社会のあらゆる領域での活動基盤として重要性を増すのが、知識基盤社会（knowledge-based society）ともてはやされる高度情報化社会である。そんな社会の学校に対する反発としてのニヒリズムの現れともたとえられよう。子供たちはいくら大人から「学校教育は大切、学歴さえあれば……」と言われても、現実社会の中でそれが幻想であることを感じ取っている。だから、「何を学んでも無駄」「何を学んでも人生や社会はかわらない」「学びの意味が分からない」等々と子供たちの内なる心の叫びが顕在化して今日の学校を取り巻く様々な諸問題になっていると捉えられるのではないだろうか。

　集団活動が苦手な子供、集団でいることよりも一人でいることを敢えて選択する子供、自分の思いを伝えられずに個の殻の中に閉じこもる子供、一見すると自由な生き方選択のような気もするが、果たして個のキャリア形成という側面、つまり社会へのかかわり動機、社会とかかわることへの価値観、社会の中で発揮すべき自らの能力を問いながら、一生涯にわたる個としての生き方を通して自己実現を図っていくプロセスとしてのキャリア形成を見通した時、このままでよいのであろうか。子供の成長を見守る保護者は、教育関係者は、世の大人たちは、子供たちの学びや社会に対するかかわり方の二極化をどう受け止めればよいのであろうか。

　さらに言うなら、子供たちを保護し、育成し、学びを授ける立場の大人たち

が眼前の子供を前に何を見つめ、どう向き合っていけばよいのかが問われているのである。これまでの学校教育は、いわゆる知識やスキル獲得に重きを置く「教授（陶冶）機能」に偏りすぎていたきらいがある。しかし、人間の本来的欲求としての自己成長的な学びを促すためには教授機能のみでなく、人格形成的な働きかけとしての「訓育機能」との調和的融合を前提とした学校知の創造が不可欠なのである。その大きな教育的機能を発揮するのが、まさしく特別活動であろう。特別活動、いわゆる「特活（とっかつ）」こそ、学校本来の機能役割を正常化させ、子供たちに集団や社会の形成者としての見方・考え方を働かせ、人間関係形成・社会参画・自己実現という3つの視点から生きて働く資質・能力としての「生きる力」を育む学校教育活動の切り札なのである。

2．特別活動で育む「生きる力」とは

　わが国の現代社会は「知識基盤社会」という言葉に象徴されるように、グローバル化、情報化、少子化、高齢化等々、大きな社会構造の転換期にさしかかっている。そして、その時代変化のスピードもこれまで以上に加速化し、これからの社会では政治・経済・文化等のあらゆる分野において時代を生き抜き、未来を逞しく拓いていける資質・能力としての「生きる力」を身に付けた子供たちの育成が学校教育の大きな課題となっている。

　少し前のことであるが、2人の研究者が現代を生きる子供たちの予測未来社会を描いてみせて世界中の大きな話題となった。

　　　2011年度にアメリカの小学校に入学した子供たちの65％は、大学卒業時に今は存在していない職業に就くだろう。（ニューヨーク州立大学教授：キャシー・デビッドソン／C. Davidson，2011年）

　　　今後10〜20年程度で、アメリカの総雇用者の約47％の仕事が自動化されるリスクが高い。（オックスフォード大学准教授：マイケル・A・オズボーン／M.A. Osborne，2013年）

　この2人の研究者が描く未来社会は、いずれ現実のものになるであろうという予感は多くの人々の思いとして一致するところではないだろうか。

　そんな未来社会を予測する時、どんな社会状況下にあっても豊かに自らの人

生を拓き、逞しく生きていけるような人材育成の必然性は疑う余地のないところであろう。そして、これからの学校教育の大きな課題となってくることも衆目の一致するところであろう。つまり、来るべき未来社会ではその有り様を左右する人材の質が問われるのであり、学校教育ではそのような未来社会を豊かに拓く学力としての「生きる力」の育成がより重要となってくるのである。

　特にわが国のように天然資源に恵まれず、少子化や高齢化の進展が著しい国においては高い知識集約型の社会構造へ転換し、国際的な競争力を維持していくことが必須要件となってこよう。その時に従来型の知識獲得に偏した既存知の継承だけでは限界がある。これからの学校教育では未来知の創造ができる高い資質・能力を有した人材、つまり未来を拓く力としての「生きる力」を身に付けた人材が求められるようになってくるのである。そのような時に学校教育で大きな役割を果たすのが、集団や社会の形成者としての見方・考え方を働かせて深い学びを探求することができる資質・能力を育む特別活動である。

　特別活動では、子供たちがそれぞれにかけがえのない存在として尊重される中で様々な集団活動に自主的に取り組み、具体的な実践活動を通して体験し、互いのよさや可能性を発揮しながら集団や自分自身の生活上の課題解決することを通して集団や社会の形成者としての資質・能力をしっかりと身に付けていくことが重要である。なぜなら、変化の激しいこれからの社会においては個としての主体的な課題解決力や実践力が不可欠であるからである。そしてそれは、社会に働きかけて社会を切り拓いていく個性開花のための重要なセールスポイントでもある。

　学校教育の場も含めたかつての社会では、これまでともすると組織や集団社会の論理が優先されて個性がやや埋没するような傾向があった。しかし、これからの社会では組織や集団社会よりも個の優位性が尊重されるのは必然な社会的潮流である。ただ、そのような社会構造の変化の中にあって個が旧態依然の他律的で組織や集団社会から自立できない依存体質のままであるとしたなら、自己実現を志向する生き方など不可能である。これからの学校教育は子供一人一人が個としてそれぞれの内面に秘めた可能性を伸ばし、自らの人生を幸福かつ有意義に送ることができるような力を育んでいかなければならない。自分で

考え、主体的に行動していくことのできる自立した個人として、心豊かに、逞しく生き抜いていく基礎となる未来開拓力こそがこれからの学校教育で育まなければならない「生きる力」であり、そのような力を支える「生きて働く力」として個の可能性を開花させる資質・能力の育成がより一段と望まれているのである。

　これからの特別活動で児童・生徒への育みが求められているのは、激しい社会の変化が予測される時代を逞しく生き抜くために必要とされるトータルな資質・能力としての「生きる力」である。より具体的に述べるなら、本書のタイトルともなっている自らの未来を自らの主体性とチャレンジ精神で切り拓いていくことができる逞しく生き抜く力、すなわち未来を拓く力である。様々な困難の予測される未来社会、他者と共によりよく生きる上で不可避的に生じてくる現代課題が様々に待ち構えるこれからの未来社会において、時代を担う児童・生徒が大人になって活躍する際に求められる資質・能力とはどのようなものであろうか。これからの社会は、めざましい科学技術の進歩や情報化社会の進展でより一層豊かで、よりグローバルな成熟社会となってくるに違いない。そんな中で個が集団や社会に埋没せず、自分らしい生き方を実現していくためには、これからの特別活動での育みが求められている多様な他者と協働するための「人間関係構築力」、社会の形成者として他者と協働してよさや可能性を発揮しながら課題解決しようとする「社会参画力」、自己の生き方についての考えを深め自己実現を図ろうとする「自己実現力」が重要になるのは間違いない。

3．生きる力をどう理解して育むのか

　平成29（2017）年3月、これからの新しい時代に生きる子供たちに必要とされる資質・能力を育成することを目指す小学校・中学校等学習指導要領が全面改訂された。そこでのキーワードは「生きる力」である。

　学習指導要領とはその前文にも書かれている通り、「よりよい学校教育を通してよりよい社会を創る」という理念を実現するための学校知（School knowledge）としての教育課程の基準を大綱的に定めたものである。学校が公

の性質を有するものである以上、そこには全国的な教育水準を確保するための基が必要であり、学習指導要領がその役割を果たすのである。その学習指導要領の第1章「総則」では、これからの学校教育で目指すべき目標や内容、その具現化に向けての進め方等が記されている。

そこには、「主体的・対話的で深い学びの実現に向けた授業改善を通して、特色ある教育課程を展開する」中で児童・生徒に「生きる力」を育むものであることが明記されている。そのために各学校は教育活動を展開する際には「学びの力（知）」、「豊かな心（徳）」、「体育・健康（体）」という三つの事項の実現を図り、豊かな創造性を備え、持続可能な社会の創り手となり得る児童・生徒に生きる力を育むことが求められているのである。

図1-1は、これからの学校教育で児童・生徒（以下子供たちと称する）に育むことを目指す資質・能力を表したものである。

①何を理解しているか、何ができるか

　○生きて働く知識や技能（物事を遂行する際に求められる skill）

②理解していること・できることをどう使うか

　○思考力や判断力、表現力を発揮しながらの創造的な学びの力

③学びに向かう力、人間性等

　○どのように社会・世界とかかわり、よりよい人生を送るかという態度

ここで問われることは、子供たちが「なぜ学ぶのか」という素朴な問いである。言わば、「心豊かによりよく生きるため」に子供は学ぶのである。

では、小学校・中学校・高等学校等での特別活動では、その教育活動をどう具現化すればよいのであろうか。

特別活動では、各内容「学級活動（小中）・ＨＲ活動（高）、児童会（小）・生徒会活動（中高）、クラブ活動（小）、学校行事（小中高）」の教育活動を通して、各学習指導要領「特別活動」の目標に述べられている「集団や社会の形成者としての見方・考え方を働かせ、様々な集団活動に自主的、実践的に取り組み、互いのよさや可能性を発揮しながら集団や自己の生活上の課題を解決することを通して」身に付ける資質・能力（①人間関係形成力、②社会参画力、③自己実現力）の育成が重要なのである。

図1-1　これからの学校教育で育む資質・能力

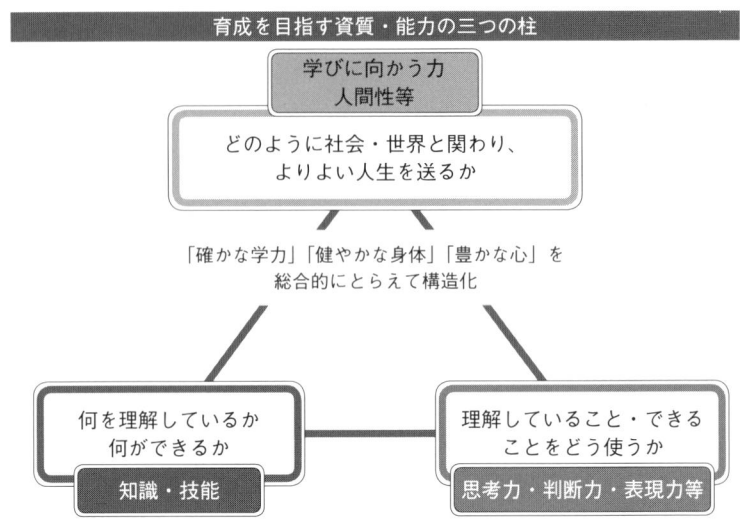

（平成28年12月21日　中央教育審議会答申「補足資料」より引用）

　つまりそれは、「どう社会・世界にかかわり、よりよい人生を送るか」とい
う全ての人間にとっての一生涯にわたる課題追求をすることでもある。

４．主体的・対話的で深い学びを特別活動で実現する

　平成29（2017）年３月告示の小・中学校等学習指導要領改訂に至る過程で議
論になったのは、子供一人一人の「主体的・対話的で深い学び」に基づく教育
活動の重要性についての共通理解とその実践に向けての合意形成である。

　ここでイメージされる「主体的・対話的で深い学び」とは、端的に述べれば
子供の能動的な学びの姿である。いわゆるアクティブ・ラーニング（Active
Learning）と称される子供の主体性に視点を置いた教育活動の実現である。よ
って、この主体的・対話的で深い学びの実現は授業における子供の活動量を多
くしたり、子供に学習展開を任せたりする場面を大切にした姿を実現するとい
った皮相的なものではない。教育活動において子供を学びの主体者、即ち主人
公にするという方法論的な抜本改善を意図するのである。そして、それら能動

的な学びを通して子供を受動的学習者（Passive Learner）から能動的学習者（Active Learner）へ転換させていくことで、子供が主体的な学びを通して自らの資質・能力を高めながら「生きる力」を内面に育んでいけるような教育方法へと抜本的改善を目指す考え方である。

　この「主体的・対話的で深い学び」を考える時、まず肝に銘じておきたいのは何のためのアクティブ・ラーニングなのかという問いである。ここで言うアクティブ・ラーニングなる用語が初めて登場したのは、平成24（2012）年8月の中央教育審議会答申「新たな未来を築くための大学教育の質的転換に向けて〜生涯学び続け、主体的に考える力を育成する大学へ」の文脈で語られた時である。そこでのアクティブ・ラーニングは、大学における従来の講義型授業形式から学修者の能動的な授業参加を視座した教授・学習法への転換を促すものであった。その点では、方法というよりも「能動的学修の実現」という目的に力点が置かれて語られたのであった。

　しかし、そのアクティブ・ラーニングも義務教育段階への導入が進み、これからの学習指導要領で目指している「社会に開かれた教育課程」の実現を視座すると事情はやや違ってくる。教育活動は具体である以上、特別活動の特質に応じた学びとは何か、その学びで育まれる「生きる力」としての資質・能力とは何か、その資質・能力を育むための「主体的・対話的で深い学び」を特別活

図1-2　**主体的な学びによる資質・能力形成の道筋**

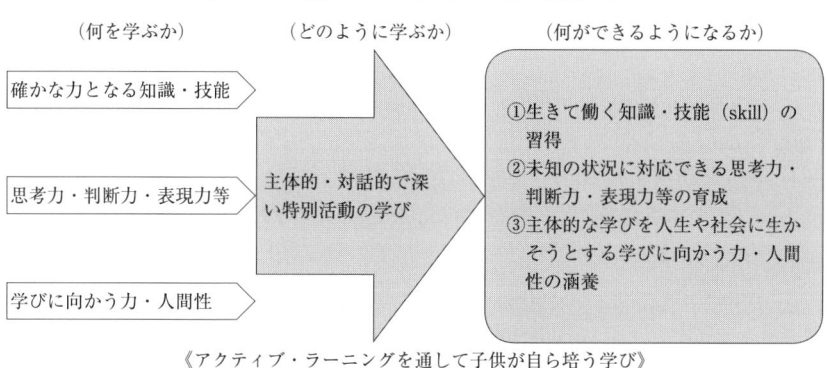

《アクティブ・ラーニングを通して子供が自ら培う学び》

動のそれぞれの内容で実現していくための基本的な手立てとは何かという教育実践学的視点に力点を置いてアクティブ・ラーニングを捉えていく必要があるのである。ならば、特別活動へ「主体的・対話的で深い学び」としてのアクティブ・ラーニングを導入するのはそのこと自体が目的ではなく、手段として用いながら子供たちの学びを捉えていく姿勢が重要なのであるという結論に至るのである。

　小・中学校等学習指導要領第1章「総則」の第3「教育課程の実施と学習評価」1「主体的・対話的で深い学びの実現に向けた授業改善」の（1）には、「児童（生徒）が各教科等の特質に応じた見方・考え方を働かせながら、知識を相互に関連付けてより深く理解したり、情報を精査して考えを形成したり、問題を見いだして解決策を考えたり、思いや考えを基に創造したりすることに向かう過程を重視した学習の充実を図ること」と述べられているが、これらはまさしく特別活動の特質とも重なり合うものである。

　これからの特別活動では、以下のような「主体的・対話的で深い学び」が実現するような学習活動に留意していくことが大切である。

特別活動を通して目指したい子供たちの学びの姿

〈主体的・対話的な深い学びを実現するためのアプローチ〉

受け身で進める特別活動　　⇒　主体的に参画する特別活動

教師の意図を窺う特別活動　　⇒　自らの納得解を求める特別活動

従前のなぞりだけの特別活動　⇒　考え議論して創造する特別活動

■第1章の参考文献
（1）　文部科学省『小学校学習指導要領』　2017年　文部科学省 Web 版
（2）　文部科学省『中学校学習指導要領』　2017年　文部科学省 Web 版
（3）　文部科学省『小学校学習指導要領解説　総則編』　2018年
（4）　文部科学省『小学校学習指導要領解説　特別活動編』　2018年
（5）　文部科学省『中学校学習指導要領解説　総則編』　2018年
（6）　文部科学省『中学校学習指導要領解説　特別活動編』　2018年
（7）　イヴァン・イリッチ『脱学校の社会』　1977年　東京創元社

（ 8 ）　佐藤学『「学び」から逃走する子どもたち』　2000年　岩波ブックレット No.524
（ 9 ）　佐藤学『学力を問い直す』　2001年　岩波ブックレット No.548
（10）　田沼茂紀『心の教育と特別活動』　2013年　北樹出版
（11）　国立教育政策研究所『資質・能力（理論編）』　2016年　東洋館出版社
（12）　深谷和子他『児童心理』No.1000　特集「日本の子ども」　2015年　金子書房
（13）　深谷和子他『児童心理』No.1050　特集「集団行動が苦手な子」　2016年　金子書房
（14）　文部科学省『初等教育資料』No.963　「特集Ⅱ　特別活動」　2017年　東洋館出版社

第2章

特別活動の目標・内容・計画・評価そして心の育み

1．特別活動の目標と内容

（1）特別活動の目標と教育的位置付け

　特別活動（special activities）は学校における教育課程の1領域で、子供たちが学校・学級生活において、集団活動を通して生活経験を拡げたり、様々な豊かな体験をしたりしながら集団や社会の形成者としての見方・考え方を働かせ、社会的存在として生きる自らの資質・能力を学ぶ教育活動である。そして、それは他の教科等や道徳教育と緊密な関係を保ちながら、学校教育目標を達成するための重要な役割も担っている。

　図2-1は、学校における教育課程の構造を示したものである。改めて言うまでもなく、学校はその学校種こそ違っていても、各学校が目指す目的や目標、内容等は教育基本法、学校教育法、学校教育法施行規則等といった法律によってその基準が明確に定められている。そして、それらを前提に各学校で

図2-1　学校教育の構造と特別活動の位置付け

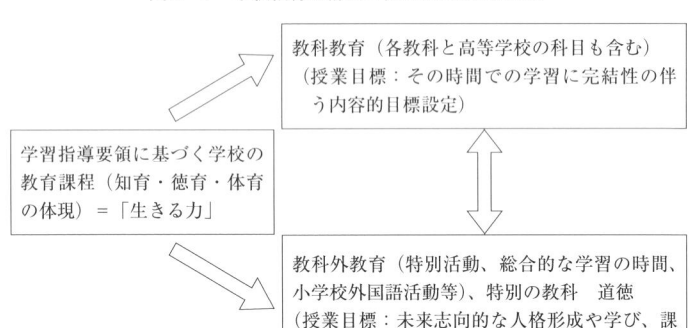

日々の教育活動へ敷衍していけるよう具体的に立案した教育活動計画が教育課程と呼ばれているものである。

　その教育課程編成の際に各学校が目安とするのが、文部科学大臣が学校教育法施行規則に基づいて学校種毎の教育課程を国家基準として告示する学習指導要領（Course of Study）である。その意味で学習指導要領は、教育の国家基準として幼児・児童・生徒それぞれの発達段階に即しつつ、各学年、各教科等の学習内容や授業時数等を考慮して総合的に体系化したわが国における教育の指導指針なのである。

　本書で論ずる特別活動も、この学習指導要領に基づいた教育活動の1領域である。この特別活動は、わが国の公教育を規定した学校教育法第1条に示された「幼稚園、小学校、中学校、高等学校、中等教育学校、特別支援学校、大学及び高等専門学校」の内、幼児の遊びを通して主体的な活動を促し、幼児一人一人の特性に応じた発達課題に即して教育活動を展開する幼稚園と、高等教育として高度な専門教育を施すことを目的とする大学等を除く全ての学校（小学校、中学校、高等学校およびそれに準ずる中等教育学校、特別支援学校）の教育課程に位置付けられている。特別活動はその呼称の通り、文部科学省が教育の国家基準として公示している学習指導要領の英訳版にも表記している通り、教科教育とは異なる特別な教育活動、学校教育における知育の教育とは異なる意味合いをもつ教科外教育である。

　では、その名称ともなっている「特別（special）」な教育活動（activities）とはどのような目標や内容で構成されているのであろうか。小・中学校学習指導要領「特別活動」では、以下のように示されている。

《特別活動の目標およびその内容》

【目　標】

［小学校学習指導要領　第6章　特別活動］

第1　目　標

　集団や社会の形成者としての見方・考え方を働かせ、様々な集団活動に自主的、実践的に取り組み、互いのよさや可能性を発揮しながら集団や自己の生活上の課題を解決することを通して、次のとおり資質・能力を育成することを目

指す。

（1）多様な他者と協働する様々な集団活動の意義や活動を行う上で必要となることについて理解し、行動の仕方を身に付けるようにする。

（2）集団や自己の生活、人間関係の課題を見いだし、解決するために話し合い、合意形成を図ったり、意思決定したりすることができるようにする。

（3）自主的、実践的な集団活動を通して身に付けたことを生かして、集団や社会における生活及び人間関係をよりよく形成するとともに、自己の生き方についての考えを深め、自己実現を図ろうとする態度を養う。

［中学校学習指導要領　第5章　特別活動］

第1　目　標

　集団や社会の形成者としての見方・考え方を働かせ、様々な集団活動に自主的、実践的に取り組み、互いのよさや可能性を発揮しながら集団や自己の生活上の課題を解決することを通して、次のとおり資質・能力を育成することを目指す。

（1）多様な他者と協働する様々な集団活動の意義や活動を行う上で必要となることについて理解し、行動の仕方を身に付けるようにする。

（2）集団や自己の生活、人間関係の課題を見いだし、解決するために話し合い、合意形成を図ったり、意思決定したりすることができるようにする。

（3）自主的、実践的な集団活動を通して身に付けたことを生かして、集団や社会における生活及び人間関係をよりよく形成するとともに、人間としての生き方についての考えを深め、自己実現を図ろうとする態度を養う。

　《小・中学校学習指導要領「目標」に示された特別活動の特質》

　◆小学校、中学校共に全体目標は同一の文言となっているが、そこでの子供の発達段階的な特性、児童・生徒個々の発達の段階の実態を踏まえた指導を心がけていくことが大切である。

　また、各活動や学校行事の目標との関連にも留意しつつ、特別活動を通しての資質・能力形成を心がけていくことが求められる。

［目標に示された特質］

①集団や社会の形成者としての見方・考え方を働かせる。

②様々な集団活動に自主的、実践的に取り組む。

③互いのよさや可能性を発揮する。

④集団や自己の生活上の課題を解決する。

↓

　「人間関係形成」、「社会参画」、「自己実現」の3つの視点を踏まえ、以下の資質・能力形成をすることが求められている。

［目標の具現化から育む3つの資質・能力］

①特別活動における知識・技能

　　○集団活動の意義についての理解と行動の仕方（skill）の習得。

②特別活動における思考力、判断力、表現力等

　　○課題発見力、話し合いによる合意形成力、意志決定力の習得。

③特別活動での学びに向かう力・人間性等

　　○自主的、実践的な集団活動を通して身に付けたことを集団や社会における生活に広げようと主体的に取り組む態度、自分についての考えを深めて自己実現を図ろうとする生き方の涵養。

　特別活動の目標具現化を通じた自己課題発見力や解決能力を育むことでのキャリア教育の視点、各活動や学校行事を通じて多様な他者との交流や協働、安全・防災等の視点がもてるようにすることもポイントである。

（2）特別活動の内容目標およびその活動

　特別活動は学校種ごとの全体目標が定められていて、それを教育活動として実践化するための内容や学校行事が各々に設定されている。そして、それらの教育活動の特質に応じて特別活動の全体目標をより具体化、細分化するための内容等の目標が示され、そこでの学びを創出するための具体的な活動が述べられている。

〔1〕　小学校特別活動の内容目標とその活動

【小学校学級活動】

◆学級活動の目標

　学級や学校での生活をよりよくするための課題を見いだし、解決するために話し合い、合意形成し、役割を分担して協力して実践したり、学級での話合いを生かして自己の課題の解決及び将来の生き方を描くために意思決定して実践したりすることに、自主的、実践的に取り組むことを通して、第1の目標に掲げる資質・能力を育成することを目指す。

◆学級活動の内容

（1）学級や学校における生活づくりへの参画

（2）日常の生活や学習への適応と自己の成長及び健康安全

（3）一人一人のキャリア形成と自己実現

◆学級活動の内容の取扱い

〔第1学年及び第2学年〕

　話合いの進め方に沿って、自分の意見を発表したり、他者の意見をよく聞いたりして、合意形成して実践することのよさを理解すること。基本的な生活習慣や、約束やきまりを守ることの大切さを理解して行動し、生活をよくするための目標を決めて実行すること。

〔第3学年及び第4学年〕

　理由を明確にして考えを伝えたり、自分と異なる意見も受け入れたりしながら、集団としての目標や活動内容について合意形成を図り、実践すること。自分のよさや役割を自覚し、よく考えて行動するなど節度ある生活を送ること。

〔第5学年及び第6学年〕

　相手の思いを受け止めて聞いたり、相手の立場や考え方を理解したりして多様な意見のよさを積極的に生かして合意形成を図り、実践すること。高い目標をもって粘り強く努力し、自他のよさを伸ばし合うようにすること。

【小学校児童会活動】

■児童会活動の目標

　異年齢の児童同士で協力し、学校生活の充実と向上を図るための諸問題の解決に向けて、計画を立て役割を分担し、協力して運営することに自主的、実践的に取り組むことを通して、第1の目標に掲げる資質・能力を育成することを目指す。

■児童会活動の内容

（1）児童会の組織づくりと児童会活動の計画や運営

（2）異年齢集団による交流

（3）学校行事への協力

■児童会活動の内容の取扱い

（1）児童会の計画や運営は、主として高学年の児童が行うこと。その際、学校の全児童が主体的に活動に参加できるものとなるよう配慮すること。

【小学校クラブ活動】

▲クラブ活動の目標

　異年齢の児童同士で協力し、共通の興味・関心を追求する集団活動の計画を立てて運営することに自主的、実践的に取り組むことを通して、個性の伸長を図りながら、第1の目標に掲げる資質・能力を育成することを目指す。

▲クラブ活動の内容

（1）クラブの組織づくりとクラブ活動の計画や運営

（2）クラブを楽しむ活動　　異なる学年の児童と協力し、創意工夫を生かしながら共通の興味・関心を追求すること。

（3）クラブの成果の発表活動の成果について、クラブの成員の発意・発想を生かし、協力して全校の児童や地域の人々に発表すること。

【小学校学校行事】

●学校行事の目標

　全校又は学年の児童で協力し、よりよい学校生活を築くための体験的な活動を通して、集団への所属感や連帯感を深め、公共の精神を養いながら、第1の目標に掲げる資質・能力を育成することを目指す。

●学校行事の内容

（1）儀式的行事　　学校生活に有意義な変化や折り目を付け、厳粛で清新な気分を味わい、新しい生活の展開への動機付けとなるようにすること。

（2）文化的行事　　平素の学習活動の成果を発表し、自己の向上の意欲を一層高めたり、文化や芸術に親しんだりするようにすること。

（3）健康安全・体育的行事　　心身の健全な発達や健康の保持増進、事件や事故、災害等から身を守る安全な行動や規律ある集団行動の体得，運動に親しむ態度の育成、責任感や連帯感の涵養、体力の向上などに資するようにすること。

（4）遠足・集団宿泊的行事　　自然の中での集団宿泊活動などの平素と異なる生活環境にあって、見聞を広め、自然や文化などに親しむとともに、よりよい人間関係を築くなどの集団生活の在り方や公衆道徳などについての体験を積むことができるようにすること。

（5）勤労生産・奉仕的行事　　勤労の尊さや生産の喜びを体得するとともに、ボランティア活動などの社会奉仕の精神を養う体験が得られるようにすること。

〔2〕　中学校特別活動の内容目標とその活動

【中学校学級活動】

◆学級活動の目標

　学級や学校での生活をよりよくするための課題を見いだし、解決するために話し合い、合意形成し、役割を分担して協力して実践したり、学級での話合いを生かして自己の課題の解決及び将来の生き方を描くために意思決定して実践したりすることに、自主的、実践的に取り組むことを通して、第1の目標に掲げる資質・能力を育成することを目指す。

◆学級活動の内容

（1）学級や学校における生活づくりへの参画

（2）日常の生活や学習への適応と自己の成長及び健康安全

（3）一人一人のキャリア形成と自己実現

◆学級活動の内容の取扱い

　（１）の指導に当たっては、集団としての意見をまとめる話合い活動など小学校からの積み重ねや経験を生かし、それらを発展させることができるよう工夫すること。

　（３）の指導に当たっては、学校、家庭及び地域における学習や生活の見通しを立て、学んだことを振り返りながら、新たな学習や生活への意欲につなげたり、将来の生き方を考えたりする活動を行うこと。その際、生徒が活動を記録し蓄積する教材等を活用すること。

【中学校生徒会活動】

■生徒会活動の目標

　異年齢の生徒同士で協力し、学校生活の充実と向上を図るための諸問題の解決に向けて、計画を立て役割を分担し、協力して運営することに自主的、実践的に取り組むことを通して、第１の目標に掲げる資質・能力を育成することを目指す。

■生徒会活動の内容

（１）生徒会の組織づくりと生徒会活動の計画や運営

（２）学校行事への協力

（３）ボランティア活動などの社会参画

【中学校学校行事】

●学校行事の目標

　全校又は学年の生徒で協力し、よりよい学校生活を築くための体験的な活動を通して、集団への所属感や連帯感を深め、公共の精神を養いながら、第１の目標に掲げる資質・能力を育成することを目指す。

●学校行事の内容

（１）儀式的行事　　学校生活に有意義な変化や折り目を付け、厳粛で清新な気分を味わい、新しい生活の展開への動機付けとなるようにすること。

（２）文化的行事　　平素の学習活動の成果を発表し、自己の向上の意欲を一層高めたり、文化や芸術に親しんだりするようにすること。

（３）健康安全・体育的行事　　心身の健全な発達や健康の保持増進、事件や

事故、災害等から身を守る安全な行動や規律ある集団行動の体得、運動に親しむ態度の育成、責任感や連帯感の涵養、体力の向上などに資するようにすること。

（4）旅行・集団宿泊的行事　　平素と異なる生活環境にあって、見聞を広め、自然や文化などに親しむとともに、よりよい人間関係を築くなどの集団生活の在り方や公衆道徳などについての体験を積むことができるようにすること。

（5）勤労生産・奉仕的行事　　勤労の尊さや生産の喜びを体得し、職場体験活動などの勤労観・職業観にかかわる啓発的な体験が得られるようにするとともに、共に助け合って生きることの喜びを体得し、ボランティア活動などの社会奉仕の精神を養う体験が得られるようにすること。

〔3〕　高等学校等での特別活動について

その他に、高等学校や中等教育学校、特別支援学校等においても特別活動は教育課程に位置付けられている。基本的に中等教育学校および特別支援学校は小学校・中学校「特別活動」の学習指導要領に則って実情に応じて実施される。

高等学校における特別活動は、学級活動に代わってＨＲ（ホームルーム）活動が週1回位置付けられている。その他に生徒会活動、学校行事等は義務教育学校と同様である。特に高等学校は一般的な普通高校のみならず、総合高校、職業高校、通信制高校等々、各学校の実施形態もその教育課程編成も多種多様である。そのようなことから、基礎的所属集団となる学級でのＨＲ活動はとても重要な位置付けとなっている。

2．特別活動の指導計画立案とそのカリキュラム・マネジメント

（1）全体計画と各内容指導計画の一貫性をもたせる

学校の教育活動は、各学校で編成した教育課程によって成り立っている。それぞれの学校が置かれた環境、子供たちや地域の実態、保護者や地域住民の教育に対する願い、教師の教育理想と教育理念等を包括的に指導カリキュラムとして編成したのが各学校の教育課程であり、それを体現するプロセスでの様々

な特色がそこに学ぶ子供たちにとって忘れがたい大切な学校体験の記憶を刻むのである。多くの大人にとって、自らの学校体験を振り返るとそこに必ず登場する懐かしい日々は、全て意図的かつ体系的な教育課程という教育計画によって成り立っていたのである。

　ここで述べる特別活動の全体計画や年間指導計画といった教育カリキュラムは、そのような前提で立案（Plan）され、実践（Do）され、振り返り評価（Check）され、次に向けての改善されるプロセスを PDCA サイクルとして繰り返すことで、より望ましいものとなっていく。

　特別活動の全体計画や年間指導計画の作成については、小学校学習指導要領第6章「特別活動」、中学校学習指導要領第5章「特別活動」の第3「指導計画の作成と内容の取扱い」1の（2）で以下のように述べられている。

《小学校》
　各学校においては特別活動の全体計画や各活動及び学校行事の年間指導計画を作成すること。その際、学校の創意工夫を生かし、学級や学校、地域の実態、児童の発達の段階などを考慮するとともに、第2に示す内容相互及び各教科、道徳科、外国語活動、総合的な学習の時間などの指導との関連を図り、児童による自主的、実践的な活動が助長されるようにすること。また、家庭や地域の人々との連携、社会教育施設等の活用などを工夫すること。
《中学校》
　各学校においては特別活動の全体計画や各活動及び学校行事の年間指導計画を作成すること。その際、学校の創意工夫を生かし、学級や学校、地域の実態、生徒の発達の段階などを考慮するとともに、第2に示す内容相互及び各教科、道徳科、総合的な学習の時間などの指導との関連を図り、生徒による自主的、実践的な活動が助長されるようにすること。また、家庭や地域の人々との連携、社会教育施設等の活用などを工夫すること。

　このように、特別活動の全体計画や各活動・学校行事の年間指導計画の作成にあたっては、学校の創意工夫を生かすと共に各学校の置かれた実態や子供の発達の段階などを考慮しつつ、「子供自身による自主的、実践的な活動」が助

長されるよう配慮していくことが望まれるのである。また、各教科、道徳科、外国語活動（小のみ）、総合的な学習の時間（高は総合的な探求の時間）等での指導とも関連を図ったり、家庭や地域との連携・社会教育施設等の活用などを工夫したりすることも常に視野に置くことが大切である。

　改めて言うまでもなく、特別活動の目標は特別活動の各活動、学校行事の実践的な活動を通して達成されるものであり、その指導計画は学校の教育目標を達成する上でも重要な役割を果たすのである。従って、調和のとれた特別活動の全体計画と各活動・学校行事の年間指導計画を全教師の協力の下で作成するようにしていくことが何よりも大切なのである。

〔1〕　特別活動の全体計画

　特別活動の全体計画とは、特別活動の目標を調和的かつ効果的に達成するために各学校がそれぞれに作成する特別活動全体にかかわる指導計画のことである。

　この全体計画を作成するに際しては、全教師が指導にあたることが前提であることを念頭に、教師全員の共通理解と協力体制が確立されるよう配慮していくことが必要である。具体的な方策としては、自校における特別活動の役割等を明確に重点目標として設定したり、各活動・学校行事の具体的な指導内容を一覧表で明示したりすることもよい方法である。また、特別活動に充てる各活動・学校行事の年間授業時数と具体的内容、設置する校内組織や校務分掌も明確に掲示して常に意識化できるようにすることも、机上プランに終わらない全体構想とするため明確にしていく工夫が必要である。

《全体計画に盛り込まれるべき内容例》

A．特別活動の重点目標

B．学校のおかれた環境や子供の実態

C．子供の発達段階や特性を考慮した特別活動の基本方針

D．学級活動、児童会（生徒会）活動、クラブ活動、学校行事の目標

E．学級活動、児童会（生徒会）活動、クラブ活動、学校行事の全体的内容

F．特別活動に充てる授業時数や設置する校内組織（校務分掌）

G．学級活動に充てる授業時数

H．各教科等との関連

I．評価・改善方策等

　各学校における特別活動の指導計画作成にあたっては、学校の公的な教育課程には位置付けられてこそいないものの、その教育的意義で特別活動と関連が深いものも少なくない。そのような教育課程外教育活動としての「朝の会」や「帰りの会」、日常に行われている「校内清掃」や「日直」等の当番活動、さらには放課後等に中学校を中心に展開される子供の自主的、実践的な活動として行われる部活動等があるが、これらとの教育的関連についても特別活動の全体計画に示しておくことが大切である。特に、部活動の教育的な意義等については、中学校学習指導要領第1章「総則」第5「学校運営上の留意事項」1のウに示されている「学校教育の一環として、教育課程との関連が図られるよう留意すること」と述べられている点を考慮して教育課程外の教育活動と教育課程の相互補完的な連携を密にしていきたい。

〔2〕　各活動・学校行事の年間指導計画

　特別活動では、全体計画に基づいて年間を通じた学級活動、児童会（生徒会）活動、クラブ活動（小のみ）、学校行事毎の目標、その内容や方法、指導の流れ、時間の配当、評価方法等を示したものが「各活動・学校行事の年間指導計画」である。

【学級活動の指導計画】

　特別活動全体計画に示された学級活動の基本方針に基づいて、学級の子供たちの実態に応じたねらいを効果的な指導によって達成していくために作成される年間指導計画である。

　その計画には1単位時間毎に取り上げる題材、指導時期、題材設定の理由と意義、指導のねらい、題材の指導展開過程、事前・事後の指導、評価観点と評価方法等の項目を概略的に盛り込むのが一般的である。なお、その際、同じ学級活動といっても集団決定をねらいとする場合と、自己決定をねらいとする場合では、その1単位時間の展開も異なってくるので、その点も明記する。

　また、学級活動委員会や係活動等の学級活動の授業以外に行われる活動についても活動毎の指導計画を設定して継続的かつ効果的に活動できるように配慮していくようにする。

【児童会・生徒会活動の指導計画】

　一つの活動について多様な展開が想定される児童会活動、生徒会活動にあっては、年間を通じた活動の全体像が明確になるようにすることが大切である。そして、それぞれが有機的に関連し合って展開されるよう、月毎の各組織の活動内容を明記していくようにする。

　具体的には、児童会・生徒会役員会、代表委員会や評議員会、各種委員会毎にそれぞれ設定するねらい、活動内容、重点活動、組織、活動上の留意事項等々を明確化した年間指導計画を設定していくことが自主的・自発的な活動を支える大きな力となる。

　また、児童会（代表委員会）や児童集会、生徒会総会や生徒集会、地域福祉・奉仕活動やボランティア活動等の児童会・生徒会関連行事においても、その活動のねらい、活動内容、活動実施日と場所、参加対象、役割分担、活動の大まかな流れ、指導上の留意事項等を明記しておきたい。

【小学校クラブ活動の指導計画】

　クラブ活動は、自主的・自発的な活動意欲が盛んになる時期である小学校4年生以上の異年齢集団によって構成される。このような意図的な異年齢集団の中で、個々の子供が共通の興味・関心を追求する自発的・自治的な継続性の伴う実践活動である。よって、その前提となるのは子供自身の主体性であり、学年の枠組みを外した集団活動である。それを支える指導計画にあっては、年間や学期、月毎の活動計画と役割分担（自主的な活動組織運営）、協力体制等が明確であることが大切である。

　また、異年齢集団での活動であるだけに、高学年が一方的に活動をリードするのではなく、互いに話し合い、協力し合って楽しい活動ができるように配慮していくことが求められる。よって、年間指導計画作成においては、以下のような事項が盛り込まれるようにしていきたい、

　①クラブ活動を進めるための自主的な組織づくりやその運営方法

②全員でクラブ活動を楽しめる内容決定の方法と場の設定

③クラブ活動の成果を披露する方法と場の設定

【学校行事の指導計画】

　学校行事としての儀式的行事、文化的行事、健康安全・体育的行事、遠足・集団宿泊的行事（中学校は旅行・集団宿泊的行事）、勤労生産・奉仕的行事について、まず行事毎の名称、実施時期、対象学年、内容、指導時数を一覧に示して学校行事の全体像を明らかにしておくことが重要である。特に、東日本大震災をはじめとする様々な教訓から、健康・安全体育的行事には、「事件や事故、災害等から身を守る安全な行動や規律ある集団行動の体得」という一文が加えられている。これを巨視的かつ複眼的に捉えていかなかったら、それは本来意図する教育活動とはならない。十分に留意していきたい。

　次に、行事毎に学校全体で円滑に見通しをもって取り組めるよう、実施時期順に行事名、対象学年、目標やねらい、主な活動内容、指導上の留意事項、評価観点と評価方法等を明確にしていく必要がある。さらに、それらの行事を実施するにあたっては、ねらいや目的、実施日時、活動実施場所、主な活動内容、役割や活動内容分担、実施の手順、実施経費、安全確保の方法、指導上の留意事項、評価観点と評価方法等を詳細に策定していく。

　特に、学校行事の位置付けについては特定の学期や時期に集中しないよう、子供たちのみならず、教師自身の過重負担とならないよう考慮していくことが重要である。同時に、各行事が単独で実施されるのではないという複眼的な教育活動の視点がとても重要である。なぜなら、各行事の一つ一つは特別活動の他の内容同様に、学校教育全体計画および特別活動全体計画の一部分を構成しており、それを充実実施することで学校教育全体の成果が達成されるからである。「木を見て森を見ず」とならないよう、この点をくれぐれも肝に銘じておきたい。

（2）各活動・学校行事の年間計画作成時の留意事項

　特別活動の実施にあたっては、様々な指導計画の立案が重要である。それは、子供の人格形成を担うという特別活動の教育的意義やその教育方法的な特

質に特色があるからである。特別活動によって子供一人一人に培われる社会性、道徳性等は個の人格的成長に大きく寄与するものだけに、学校の全教職員がその趣旨や教育的効果を十分に理解して確実に指導できるようにしていくことが重要である。その共通理解を図り、意図的・計画的な指導の目安となるのが各活動・学校行事の指導計画である。

　そのような機能的役割を有する各活動・学校行事の年間指導計画・個別指導計画作成時に留意すべき事項が、以下の項目である。

①学校の創意工夫を生かす

　特別活動は、実践的な体験活動を伴うことにその特質があることを踏まえ、各学校がそれぞれに立地する地域性や教育的環境および教育要素等の特色を生かした創意ある指導計画を立てて実施することが期待される。そのためには、まず地域や学校生徒の実態等を踏まえた上で、学校としての基本的な指導方針を定め、それに即した創意ある計画を立てることが重要である。

　各学校の特別活動における教育実践での創意工夫は、地域の特色、学校や子供たちの実態、これまで積み重ねてきた実践事例や経験についての反省を生かして構築されていくものである。そして、その指導計画作成においては実施のための全教師による校内指導体制の確立や活動時間確保を適切に行っていくことが必要である。

②学校の実態や子供の発達段階や発達特性等を考慮する

　子供に寄与するという特別活動の本質的な特質を考慮しながら学校やその実態を踏まえて指導計画を作成することは、極めて重要なことである。もちろん、各教科等における指導計画作成時においてもこれらの重要さは改めて言うまでもないことである。特に子供の自主的、実践的な活動を伸長することを意図する特別活動においては、指導計画作成時における肝となる部分でもある。子供の興味・関心、能力・適性等に関する十分な理解に基づき、各学校・各学年における重点目標、指導の内容、活動方法等を明確にしておくことが大切である。

　子供は他者との関係の中で自分に気付き、自分を考え、自分との対話を重ねつつ理想自己と現実自己のズレを修正しながら、自己を受け入れて（自我同一

性の受容＝アイデンティティの確立）いく。

　義務教育で言えば、小学校低学年段階（幼児期〜児童期）で、「仲間に入る⇔入れない」、「好かれる⇔嫌われる」という対人体験を通して人間関係構築力の初歩を学ぶ。そこでのかかわり集団は、「遊び仲間」である。それが、小学校中学年から高学年になってくると「ギャング・グループ（gang group）」と呼ばれる子供集団に移行してくる。そこでは、外見的に似た者同士が徒党を組んで自分たちの世界を構築していく。親の言うことよりも仲間との絆を優先し、そこでは互いの絆を維持していくための暗黙裏なルールも生じてくる。次に、中学生段階になってくると「チャム・グループ（chum group）」と呼ばれる興味や関心、生活環境や境遇の似た者同士が孤独を避けて互いの共通点を確認し合いながら仲間内の集団を形成していくようになる。

　さらに義務教育を終えて高校生や大学生になると、外面的だけでなく、内面的にも違う互いに自立した個人として認め合い、共存し合うという分かち合いによる精神的な支えとなるような人間関係としての「ピア・グループ（peer group）」を構築するようになってくる。このような「自分とは何か」という不安定に揺れ動いて自分への確信がもてない「育ちゆく個」を指導・援助をしていくという前提に立つなら、子供の発達段階や発達特性を最大限に考慮した特別活動の年間指導計画になることは必然的な事実なのである。

③子供の自主的・実践的活動を尊重する

　特別活動においては、教師の適切な指導の下に生徒による自主的・実践的活動が伸長され、そのような活動を通じて特別活動の目標達成が図られる教育活動である。その目的の実現を目指すためには、子供自身による企画・計画立案を支援し、子供が主体的に活動できるような教育活動にしていく必要がある。

　教師主導の一方的な押しつけ的計画では活動意欲が削がれ、特別活動の各内容の目標達成に向けた自主的・実践的な活動が望めないこととなる。「望ましい集団活動」実現に向け、子供の主体性に基づく活動計画の立案、さらには具体的実践が実現するよう配慮した指導計画にしていくことが大切である。

④各教科等での指導との関連に考慮する

　特別活動を展開していく際に重要なことは、道徳や総合的な学習の時間も含

めた各教科等での指導と関連させ、それぞれの教育活動で育成した能力が特別活動で十分に活用できるようにすることである。それは同時に、特別活動で培われた共同的で実践的な態度や能力が各教科等の学習でも機能するということの裏返しでもある。

　特に、道徳的実践指導の充実が重視される特別活動においては、道徳科の目標と共通する「自己の（人間としての）生き方についての考えを深める」ことを踏まえ、それぞれの教育活動の特質を生かして積極的に関連付けた指導を図ることが大切である。

　また、特別活動の特質でもある「体験活動」と各教科等での学習活動における相互関連性も重視していくことが必要である。なぜなら、学校における各々の教育活動は単独で存在しているのではなく、一人の子供の内面で統合されてこその「生きる力」であるからである。よって、各教科等で培った豊かな体験、特別活動で培った豊かな体験が相互に影響し合うことで個の資質・能力としての思考力、判断力、表現力、そしてそれを下支えする基礎的・基本的な知識・技能等が調和的に高められ、生きて働く力として形成されるのである。全教育活動における体験活動を有機的かつ機能的に関連させていくことは、各教科等の目的を達成する上で役立つだけでなく、それぞれの教育活動のねらいの先にある各学校の「特色ある教育活動」の創造にも寄与することとなるのである。それゆえに、各学校の重点教育目標を明確にし、学校や地域、子供の実態を踏まえた全体教育計画とそれに基づく特別活動も含めた各教科等の年間指導計画を作成していく必要があるのである。

⑤家庭や地域の教育力活用を工夫する

　特別活動は具体的かつ実践的な教育活動であるだけに、家庭や地域社会とのかかわりも必然的に多く生じてくる。学級活動はもちろんのこと、児童会や生徒会活動、小学校のクラブ活動、学校行事等々、学校外の人々との連携・協力を抜きにして成立し得ないことも多く存在する。近隣の教育関係諸機関や社会福祉施設、社会教育施設等との連携・活用等も考慮した年間指導計画は、子供たちにかけがえのない豊かな体験をもたらし、地域や社会の一員としての自覚、他者とも共生する自分の在り方や生き方への自覚も促すこととなる。

　特別活動は、このような家庭や地域等との連携・協力が重要な意味をもつ教育活動であることを前提に、それらの幅広い教育力を活用した学校内外での体験活動を計画していくことが必要であり、地域の自然や文化・伝統を生かした特色ある教育活動が展開されるよう配慮していくことが大切である。

（3）特別活動の教育課程上の授業時数

　各学校が特別活動に充てる授業時数については、各活動内容の質や学校行事の多種多様さに比べて多くはない。特に小学校では高学年の外国語科や中学年での外国語活動等の導入も加わり、各学校の教育課程を遂行していくには日課表を変更したり、1単位時間を帯タイムとして活用したりして捻出しなければならない現実があり、表2-1（学校教育法施行規則第51条別表第1）、表2-2（同規則第73条別表第2）に示されている通りの時間数のみである。また、小・中学校学習指導要領第1章「総則」第3の（2）「授業時数等の取扱い」においては、以下のように示されている。

> イ　特別活動の授業のうち、児童会活動（生徒会活動）及び学校行事については、それらの内容に応じ、年間、学期ごと、月ごとなどに適切な授業時数を充てるものとする。
> エ　総合的な学習の時間における学習活動により、特別活動の学校行事に掲げる各行事の実施と同様の成果が期待できる場合においては、総合的な学習の時間における学習活動をもって相当する特別活動の学校行事に掲げる各行事の実施に替えることができる。

　先に示した学習指導要領「総則」および学校教育法施行規則の規定から、特別活動の実施授業時数について見えてくることは何であろうか。箇条書きにして示したい。

《特別活動の指導に要する時間確保について》

①学級活動は年間35時間以上実施するよう計画する

　学級活動の授業時数は年間35週以上（小学校第1学年は34時間）にわたって計画・実施する。また、必要に応じて、夏季や冬季、学年末の休業日等に実施す

表2-1　学校教育法施行規則第51条別表第1

① 小学校

区　　分		第1学年	第2学年	第3学年	第4学年	第5学年	第6学年
各教科の授業時数	国　　語	306	315	245	245	175	175
	社　　会			70	90	100	105
	算　　数	136	175	175	175	175	175
	理　　科			90	105	105	105
	生　　活	102	105				
	音　　楽	68	70	60	60	50	50
	図画工作	68	70	60	60	50	50
	家　　庭					60	55
	体　　育	102	105	105	105	90	90
	外 国 語					70	70
特別の教科である道徳の授業時数		34	35	35	35	35	35
外国語活動の授業時数				35	35		
総合的な学習の時間の授業時数				70	70	70	70
特別活動の授業時数		34	35	35	35	35	35
総　授　業　時　数		850	910	980	1015	1015	1015

注1　この表の授業時数の1単位時間は、45分とする。
　2　特別活動の授業時数は、小学校学習指導要領で定める学級活動（学校給食に係るものを除く。）に充てるものとする。

ることができる。例えば、夏休み期間中の登校日での指導等はそれに該当しよう。また、給食、休憩時間、清掃等の教育課程外教育活動については、学校の裁量に基づいて適宜計画していくものである。

②児童会や生徒会・クラブ活動・学校行事は適切な時間を配当する

　児童会や生徒会、小学校のクラブ活動、学校行事も学校の教育課程における特別活動の指導時間である。それらの授業時間数は、各学校で計画する年間授業総時数に含まれることとなるので、法令で定められた各教科等の時数を除外した指導時数として余裕をもって計画する必要があるものである。

表2-2　学校教育法施行規則第73条別表第2

② 中学校

区　　分		第1学年	第2学年	第3学年
各 教 科 の 授 業 時 数	国　　語	140	140	105
	社　　会	105	105	140
	数　　学	140	105	140
	理　　科	105	140	140
	音　　楽	45	35	35
	美　　術	45	35	35
	保 健 体 育	105	105	105
	技術・家庭	70	70	35
	外　国　語	140	140	140
特別の教科である道徳の授業時数		35	35	35
総合的な学習の時間の授業時数		50	70	70
特 別 活 動 の 授 業 時 数		35	35	35
総 　 授 　 業 　 時 　 数		1015	1015	1015

注1　この表の授業時数の1単位時間は、50分とする。
　　2　特別活動の授業時数は、中学校学習指導要領で定める学級活動（学校給食に係るもの
　　　を除く。）に充てるものとする。

③特別活動は教育課程外教育活動の時間も視野に入れておく

　学校には教育課程内教育活動のみでなく、朝の会や帰りの会、業間休みや休憩時間、給食、清掃、部活動等々の教育課程外教育活動も相互に機能し合って子供にとって豊かで充実した学校生活を構成している。このような教育課程外教育活動と連携して一貫的な指導をしていくことがしやすいのも特別活動の一つの特徴でもある。学校行事前の子供たちの動きが1日を通して活発になり、日を追う毎に参加意欲が高まるのもそのためである。単なる学校行事の消化という発想ではなく、子供の主体性が発揮され、参加意欲が高まるような学校行事を生み出していくためにも、教育課程外教育活動の時間の有効活用も視野に入れておくのは必要なことである。

④総合的な学習の時間を学校行事で振り替えできる

　小・中学校学習指導要領「総合的な学習の時間」の目標は、「探究的な見方・

考え方を働かせ、横断的・総合的な学習を行うことを通して、よりよく課題を
解決し、自己の生き方を考えていくための資質・能力を育成する」となってい
る。この総合的な学習の時間の目標は、様々な学習活動を想定した場合、特別
活動で目指すものと多くの部分で重なり合う。安易な発想での時数的流用はも
ちろん慎むべきであるが、特別活動の学校行事に掲げる各行事の実施による教
育成果と同様のことが期待できる場合においては、総合的な学習の時間におけ
る学習活動をもって学校行事に替えることが可能である。

　しかし、総合的な学習の時間には固有の目標やそこで目指すべき教育活動が
ある。それゆえに、学校行事にかかる時間数が多くなってしまったから総合的
な学習の時間を流用するといったことは厳に慎むべきなのである。従前からの
学校行事の進め方、事前準備や事後整理といったこれまでの慣行になっていた
ことを問い直す等、各行事運営の在り方を検討し、それでも整合性が保てるな
らば、そこでようやく学校行事としての振替えが可能となってこよう。

（4）特別活動指導計画作成におけるスコープとシークエンスとは

　各学校の教育的営みは、教科教育と教科外教育（領域教育）とによって教育
課程として規定される。そして、そこでの教育内容は法的根拠（学校教育法施
行規則第52条（小）、第74条（中））を有する学習指導要領という教育の国家基準
に基づいて具体的に編成されることとなる。また、子供の学校生活の視点から
捉えると、このような教育課程内教育活動と朝の会や帰りの会、業間休憩、給
食、清掃、部活動等々といった教育課程外教育とが調和的融合性をもって学校
生活を形作っていることが理解されよう。

　以上のように、教育課程内教育活動と教育課程外教育活動とが相互に機能し
合って学校の教育活動は日々展開されるのである。ただ、それは無意図的なも
のではない。各学校が掲げる学校教育目標、校是や校訓に至るまで、それが具
現化されるには学習者の学びとなる具体性を伴う詳細な内容事項、次の新たな
学びを引き出したりする具体的な学習課題や学習体験が用意されていなければ
ならないからである。よって、活動展開まで見据えた教育内容選択原理が働か
なければ、各学校で具体的に機能する教育課程編成は叶わないのである。

　さらに踏み込んで述べれば、各学校が具体的な教育活動を伴って機能するための教育計画は、対象校種・対象学年に応じた学びの範囲としてのスコープ（scope）、学びの体系性や順序性としてのシークエンス（sequence）、さらには学習者である子どもの発達段階や実態に即した活動欲求を考慮して決定されなければならないのである。

　もちろん、公教育としての学校教育である限り、その編成過程では国や地方教育行政機関が示す教育方針に従うのはもちろんのこと、学校が置かれている地域性や子供の実態、保護者や地域住民の思いや願い等も反映されたものであるよう配慮しながら編成するのは言うまでもない。

　各学校の特別活動全体教育計画立案の第一歩は、その教育目的を具現化するために設定した目標に従って、学習者である子供たちが発達段階等に即して身に付けるべき学習内容を学年別、月別、各内容・学校行事別に構造化していくことにある。

　いわゆる、教育課程編成のための内容構成とその順序の確定である。先にも触れた通り、前者はスコープと呼ばれ、後者はシークエンスと呼ばれるものである。このスコープとシークエンスとで構造化されるのが、各学校における教育計画である。教科教育ならいざ知らず、特別活動は子供の自主的・自発的な活動だからこんなことは関係ないと考えるのは大きな誤解である。望ましい集団活動を通して個人的な資質・能力と社会的な資質・能力を培いつつ、自主的・実践的な態度を効果的に育むことで自己の在り方や人間としての生き方への自覚化、自己を生かす能力の育成につなげるという特別活動の前提があればこその、全体計画、各内容・学校行事の年間指導計画立案なのである。

　スコープとシークエンスが重なり合う部分が学習指導要領で規定された特別活動での学びの内容、つまり、学校教育として全国のどの子供も共通して学ぶ資質・能力形成のための共通領域部分である。そして、スコープとシークエンスの重なりから突出している範囲が共通的な学びから発展（個としての興味・関心に基づく先行的な学びや個別的な学習経験、発展的な学習経験）して学ぶ個人領域の部分となる。その点で、共通領域部分となる学校の特別活動における教育計画をどのように作成するのかという創意工夫によって、子供一人一人の個

図2-2　特別活動指導計画作成におけるカリキュラムの構造

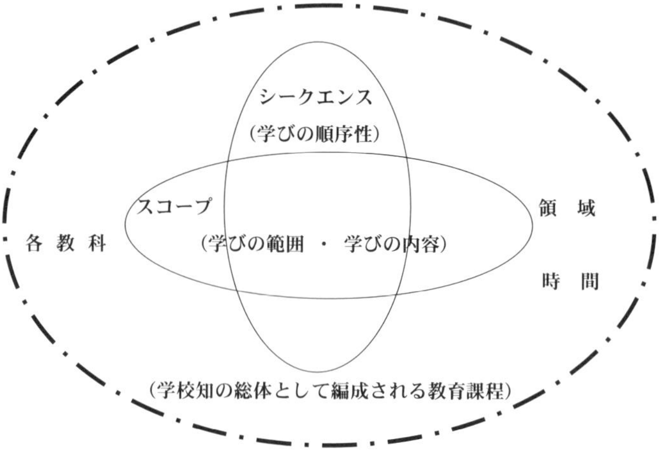

別な学びへと発展する可能性も拡大すると考えられるのである。

　つまり、特別活動における各内容・学校行事の指導計画立案においては、その基本要素であるスコープに何を盛り込み、シークエンスとして何をどのように体系付けていくのかと考えていった時、学習者への学習転移（Transfer of Learning：ある学習が後の異なる学習促進へ及ぼす影響）という視点から捉えていく必要があるということである。

（5）カリキュラム・マネジメントの考え方と進め方

　平成29年3月告示の小・中学校学習指導要領では、カリキュラム・マネジメント（curriculum management）という用語が強調されている。それはいったい何を意味するのであろうか。

　「マネジメント」という用語そのものは学校教育の場に限らず、福祉や医療、企業等の生産管理現場において多用されている。それは、各分野において、それぞれの組織が設定した目標の具現化を目的として、その達成のための手段としての組織活動や生産活動を見直し、改善を加えながらより効果的な組織的活動方法にシステムを最適化していく営みである。

　今日の学校教育においても、各学校がただ毎年決まり切った教育活動を展開していくといった旧態依然のことは許されない状況が出現している。当たり前のことではあるが、各学校がそれぞれに自校の理念と独自な教育目標を掲げながら、創意工夫を生かした特色ある教育活動を展開し、社会的な責任を果たしていくことを求められているのである。このような学校に与えられた社会的な役割を果たしていくための前提となるのは、各学校の理念や掲げる目標を体現していく教育課程ということになろう。カリキュラム・マネジメントはその教育課程において各教科等でどのような教育計画を編成・実施し、さらにそれらをよりよいものへと改善・再構築していく手法として、重視されなければならないのである。

　カリキュラム・マネジメントの一連の流れを示すと、①教育課程の立案・編成（Plan：教師の総意を反映して立案）→②教育課程の実践（Do：計画に基づいて実践）→③評価活動（Check：実施時期・方法・内容等について評価観点に従って有効性検証）→④教育課程の再編成（Action：評価結果に基づく改善・再編成）という図2-3のようなPDCAサイクルを辿る。

図2-3　カリキュラム・マネジメントの基本構造

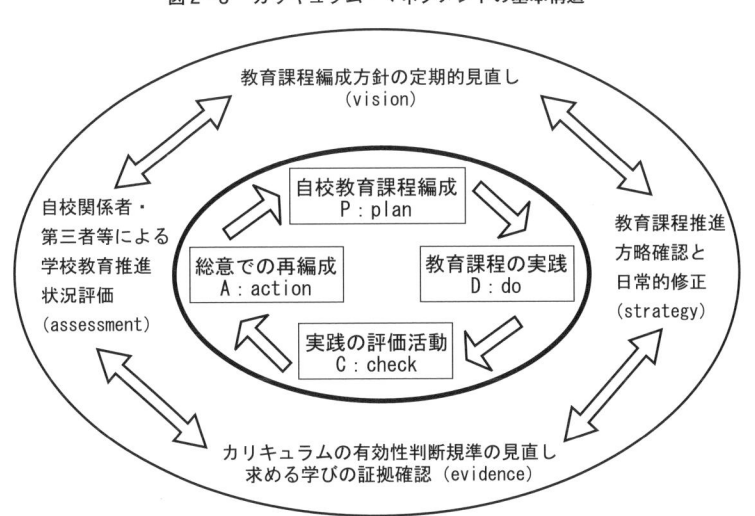

　具体的には、特別活動を通じてそこで期待されている教育効果、つまり、「子供一人一人の個性的なよさを引き出し、育み伸ばし、将来にわたって自らのよりよい生き方を志向する資質・能力の育成を図る」と言うことは、とても容易いことである。しかし、それが各学校の特別活動の全体計画として位置付けられ、さらに各内容・学校行事の年間指導計画、各活動計画へと敷衍されて継続的に機能できるようにしていくためには、やはりそこには意図的にカリキュラム・マネジメントを推進していかなければならないという教師集団の共通認識と強い改善姿勢が不可欠である。

　そこで特にポイントとなるのは、カリキュラムとして機能させた際に事前に設定した活動目標とその実施結果との因果関係がどうであったのかという見取りを丁寧に行っていく教師の姿勢である。それは自らの取組みを批判的に分析・考察することでもある。しかし、子供にとって最良の教育活動を実現するためには避けて通れない教師の宿命でもある。

　ところで、カリキュラム・マネジメントがもてはやされる昨今であるが、その前提は大丈夫なのであろうか。つまり、特別活動の内容の質がマネジメントに値するものなのかどうかの吟味を常に精査することが必要である。

　学校教育の世界は、その指導成果が短期間に結実しにくい性質を有している。よって、短兵急に結果のみを求めるような教育活動は厳に慎まなければならない。特に、特別活動や道徳教育といった子供一人一人の内面的な育ちを重視する教育活動にあっては、なおさらである。しかし、それに甘んじてばかりではそれらの教育カリキュラム改善は遅々として進まなくなってしまう。つまり、「今年も例年通りにやろう」ということになってしまう。それでは教師が専門職という自らの立場を放棄することになりかねない。子供にとって最善の教育活動を提供するのが教職であるという矜持があれば、常に最先端を行く教師でありたいとする自覚があれば、日々の現実的実践の中に身を置いて「行為の中の省察（Reflective in Action）」という経験を基礎にしながら幅広い見識と科学的根拠に基づく教育学的知見を有する反省的実践家（Reflective Practitioner）でなければならないのは必然であろう。図2-3は、そんな反省的実践家としての教師の教育活動を支えるカリキュラム・マネジメントの基本

構造を示したものである。

　多くの学校では、教育活動の質の向上を図っていくためにカリキュラム・マネジメントが重視されている。しかし、ともするとPDCAサイクルの一方通行的な内円部分だけが強調されている。でも、実際にはそれ以上に大切なのが双方向的な外円部分である。

　なぜなら、学校教育でいちばん大切にされなければならないのは、教育理念や目的、教育目標だからである。よって、各学校は法令や行政方針を前提にしつつも、自分たちの学校の教育環境や子供たちの実態、保護者や地域の教育に対する願い等を踏まえた教育理念としての「校是（学校固有の根本精神・創設理念）」や学校教育目標を策定し、常に確認しているはずである。それが外円部分の方針決定（Vision）である。次に、それらの校是や学校教育目標を具現化するための方略（Strategy）が必要となってくる。具体的にどのような具現化方策を講ずるのかという手立てをもたない限り、それは画餅に帰してしまうのである。さらには、いくら方針や方略が立派でも、それが具体的な教育活動でどのような成果となって表れれば体現できたのかという証拠（Evidence）を予め設定しておかなければ評価のしようもない。このような一連のカリキュラム・マネジメントを機能させるための手続きが、方針の決定（Vision）→方略の策定（Strategy）→証拠の設定（Evidence）→探査的継続評価（Assessment）というVSEAサイクルである。ただ、正確に表現するならそれは、方針の決定（Vision）⇔方略の策定（Strategy）⇔証拠の設定（Evidence）⇔探査的継続評価（Assessment）という双方向的なVSEAサイクルである。どこから見直しても、どこから立ち返って改善・修正しても可能なのである。ここまで取り組んでこそのカリキュラム・マネジメントである。

　ここで言うVSEAサイクルなど、どの学校でもそれを前提にしているのが当たり前と考える教師も少なくない。事実、本来はVSEAサイクルがなければ本来は特別活動等の教育計画立案はできないはずだからである。しかし、現実には「今年も例年通りにやりましょう」と何ら疑念を抱かぬまま物事が進んでしまい、カリキュラム・マネジメントを有効に機能させない大きな阻害要因となっていることが少なくない。その主たる理由は、校是や学校教育目標とい

ったものは毎年更新されるような性質のものではないと思い込んでいるからである。校是は変わらなくても、その実現に向けた方略や期待する結果、継続的な取組みといった部分では、いくらでもカリキュラム・マネジメントは可能なはずなのである。それを考慮しないで安易に前例にならった教育カリキュラムで実践することが少なくないから、「仏作って魂入れず」という指導に陥りやすいのである。

　特別活動の指導計画作成にあたっては、校務分掌上の担当教師だけでなく、全教職員がVSEAサイクルの視点で毎年問題点の洗い出しとよりよい改善を目指して指導計画修正活動をしていく必要があることを様々な機会を通じて確認しておきたい。

3．特別活動における評価と子供理解

（1）教育評価の基本的な考え方

　学校教育においてはその歴史や制度等の変遷を踏まえると、以下のような評価の考え方についての分類ができる。

《教育評価の視点別分類とその変遷》

A：量的評価から質的評価へ

◆考査による総合評定から、観点毎に捉えた総和としての分析評定へ移行する。

a．メジャーメント（measurement）

　　テストの結果順位や活動の業績等といった定量的側面からの評定。入試等に関する段階評価、能力別学習集団編制等の評価が該当する。

b．エバリュエーション（evaluation）

　　評価者の値踏みではなく、そこまでの教育活動を反省・改善するための評価。教育カリキュラムの内容評価等、教師側の視点に立っての評価活動となることが多い。

c．アセスメント（assessment）

　　多面的な視点から多様な方法によって改善のための資料を収集する評価。このアセスメント評価は設定目標に照らしての達成度を価値判断するもの

で、それに基づく改善方策を見いだすこととなる。その点で、アセスメント評価は、学習者の視点に立っての評価となる。

B：他者評価から自己評価・相互評価へ

◆学習者の学習成果を他者がラベリングして価値付けることから、学習者の学びの文脈に寄り添う学習過程重視の評価へと移行していく。

a．相対評価

　　学習集団内の成員の得点分布を評価基準とし、それに基づいて個人の学習集団内での相対的な位置を示す評価方法。手続きが簡単で客観性も高く、異質な評価資料間との比較も可能である。ただ、正規分布を前提としているため、あまり小集団の場合は問題がある。また、学習内容に対してどの程度到達したのかという直接的評価はできないために学習者の意欲や努力等を適切に評価し得ない欠点がある。

b．絶対評価

　　予め要求される到達水準（設定された教育目標）を評価基準とし、それに照らして判断する評価方法。客観性という点では評価情報の質によってやや問題も残るが、学習者が目標に対してどの程度到達したかが把握でき、学習者の意欲や努力等も「学びのよさ」として評価しやすい。

c．個人内評価

　　学習者本人の他のデータ（基準となる過去の成績や技能レベル、これまでの学びの実績）を評価基準とする評価方法で、評価基準の設定こそ難しいが学習者の進歩の状況がよく分かり、一定スパンでの学習意欲や努力を肯定的に評価しやすい。

　　例えば、英語検定で３級だったのが準２級に合格したとか、剣道初段から２段に昇段できたといった外部の客観的評価基準が伴うものから、リコーダー演奏でタンギングが上手になったとか、グループのまとめ役としてリーダー性を発揮するようになったといった、やや曖昧な評価基準のものまで含んでの個人内評価である。よって、設定目標や比較対象としての他者といった評価基準が個人の外にあるのではなく、あくまでも評価対象者個人の努力や資質・能力向上の成果を見取っていく手法である。

C：評価時期と評価目標による分類

◆学習を進めていく学びのプロセスの中で学習前の既習経験や学習実態がどのようになっていて、学びを展開したらどのように学習者に成果が現れ、最終的に設定した学習目標に照らしてどのような資質・能力を獲得することができたのかを学習展開過程の文脈で評価していく。

a．診断的評価

　新しい学習単元や学習プログラムに入る前に実施するもので、指導の参考となる情報収集のための評価である。既習学習定着レベルの確認、学習阻害要因の発見・診断の役割を果たす。また、事後の評価と比較することで、その指導効果確認のための評価基準ともなり得る。

　＊開発プログラム等の効果測定として、事前・事後評価を行ったりすることもある。

b．形成的評価

　学習単元や学習プログラムの進行途中で実施するもので、そこまでの学習が適切になされ、学習内容が定着しているかを推し量るための評価で、以降の学習の計画変更や問題点等を探るための役割を果たす。教師の指導法改善にとっても、学習者のその後の発展学習にとっても大切な評価である。

c．総括的評価

　学習単元や学習プログラムの終了時点で行う評価である。到達目標に対してそれまでの個々の学びがどうであったのかを確認し、カリキュラム修正のための問題点や到達目標に達しない学習者への個別対応等の情報を得ることになる。総括的評価は、個々の成績（評定）といった側面だけでなく、指導計画の改善、学習者への適切な対応に生かされるべき性格の評価である。

（2）特別活動における教育評価の考え方とその方法

　学校教育における評価については、小・中学校学習指導要領第1章「総則」第3「教育課程の実施と学習評価」2の（1）で、以下のように述べられている。

> 　児童（生徒）のよい点や進歩の状況などを積極的に評価し、学習したことの意義や価値を実感できるようにすること。また、各教科等の目標の実現に向けた学習状況を把握する観点から、単元や題材など内容や時間のまとまりを見通しながら評価の場面や方法を工夫して、学習の過程や成果を評価し、指導の改善や学習意欲の向上を図り、資質・能力の育成に生かすようにすること。

　特別活動における評価の前提は、個人内評価としての肯定的評価観である。そして、自己評価として子供自身が自らを価値付けられることが大切である。さらには、学習の過程を評価することで学習意欲の向上を図ることが大切であって、子供を序列化したり、ラベリングしたりすることではない。むしろ、一人の人間として成長する上での学びのよさ、生き方のよさを見いだし、認め、励まし、向上を促すものであるということである。つまり、子供一人一人のよい点や進歩の状況等を積極的に評価して育み伸ばすという質的評価としてのアセスメント評価が基本となる。さらに、その指導の過程での努力や目標達成に向けた取組みの意欲や努力、その成果も含めて自己評価、他者との相互評価等の手法を用いながら、個人内評価を進めていくことが基本的な評価方法となる。

　また、自主的・実践的な特別活動の活動プロセスにおいても、事前準備段階（Preparation）での意識付け、活動を通しての体験段階（Action）、活動後の振り返り段階（Reflection）での変容を、診断的（事前）評価→形成的評価→総括的（事後）評価とPARサイクルの視点から意味付けていくことで、単なる成果検証のための評価ではなく、自らの豊かな学び体験が自己成長の糧として寄与していることを子供自身に自覚化させることにつながってくるのである。

　このように、特別活動における学びを豊かなものとしていくためには、具体的な活動を展開するにあたって、その学びの意味付けを明確にしていくことが求められる。一般的に図2-4のような、事前活動（Preparation）⇒豊かなかかわり体験（Action）⇒事後の振り返り活動（Reflection）というPARサイクルでの体験的学びの意味付けプロセスを踏むことが望まれる。

　また、この図2-4のように集団活動による豊かなかかわり体験は特別活動

図2-4　特別活動における豊かな体験的学びのプロセス

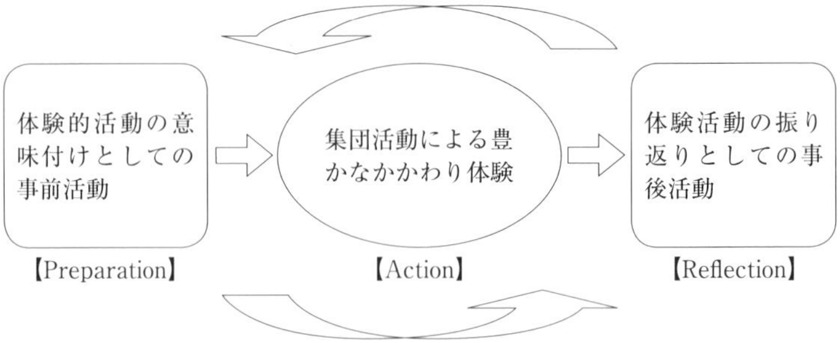

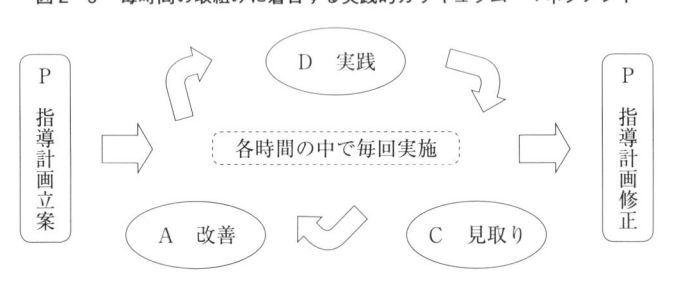

のみでなく、各教科等と密接に関連し合って相乗的な教育効果を生む。その際に留意したいのは、図2-5に示したようなきめ細かいカリキュラム・マネジメントの実践である。

　カリキュラム・マネジメントを単なる一連の計画（Plan）⇒実践（Do）⇒見取り（Check）⇒改善（Action）という PDCA サイクルに終わらせず、実践⇒見取り⇒改善を毎時の活動展開するたびに行って計画を小まめに修正することの必要性を大切にしたいのである。

　このように、特別活動における評価活動で最も大切なことは、子供一人一人の人間としての善さや可能性を積極的に認め・励ますようにすると共に、自ら学び、自ら考える力、自らを律する力、他人と共に協調しながら活動できる力といった豊かな人間性を構成する社会性、道徳性等、「生きる力の育成」という視点から評価を進めていくことである。そのためには、子供が自己活動を振

図2-5　毎時間の取組みに着目する実践的カリキュラム・マネジメント

り返りつつ、新たな自分の目標や課題をもてるような評価となるよう、活動結果のみに囚われることなく活動過程での努力や意欲等を積極的に見取るという多面的・総合的に評価を進めることが大切である。

　このような個の成長に視点を置いた特別活動での評価は、結果的に個々の子供が集団活動を通して自らの実践のよさを知ったり、自信を深めたり、さらには自己課題を見いだして実践的向上を目指そうとする活動意欲を喚起することになろう。特別活動における評価の視点として大切にしたいのは、このような子供自身の自己評価や集団の構成員相互による評価等の方法を多面的に活用する工夫である。

　また、子供の活動を通しての学びを見取る評価と並行して進めたい取組みは、教師側の指導改善のための評価活動である。子供の主体的な活動を保証することで学習意欲を喚起し、個性の伸長を目指した実践的活動に取り組ませることを特質とする特別活動においては、指導計画の適切性、計画に基づく活動内容の妥当性、次なる改善に向けた活動後の反省といった一連の実施過程のそれぞれの段階で評価を進める必要がある。そして、評価活動を通じて教師が指導計画立案や実施過程での方法等について省察し、より効果的な指導が具現化するよう工夫や改善を図っていくことが大切なのである。

　その際、集団活動を特質とする特別活動においては、子供一人一人の変容評価のみならず、集団としての発達や集団的変容についても見取っていきたい。このような集団的評価の結果を手がかりに、次なる活動を計画したり、適切に指導に生かしたりすることが重要なのである。こうした特別活動の評価にあたっては、各活動・学校行事について具体的な評価観点を設定し、評価の場や時期、方法を事前に明らかにしておく必要があることは言うまでもない。

《特別活動での個人的変容と集団的変容を評価する方法》

【個人的変容評価の方法】

　●活動記録の活用

　　活動毎に記録させる子供の活動記録カードを活用し、それぞれの過程での個々の記録をその都度見取っていく。その際、ただ記録として留めるだけでなく、適宜その取組みの様子について賞賛や励ましのコメントを記すように

すると継続的な変容の促しとして機能する。

●振り返りカードの活用

　各活動や学校行事に取り組ませた後で、自分の取組みはどうであったのかを振り返りカード等で省察させることが一般的である。その折に子供自身が自分の取組みをどう自己評価しているのかを記録し、その後の取組みに反映できるようにする。

●活動記録や感想文の活用

　各活動や各行事等での役割分担毎に集まって、子供相互で振り返りを行っていく。そこで出された感想や意見の発言記録、書かれた文章等を手がかりに変容評価を進めるようにする。

●観察記録法の活用

　子供の活動状況を教師が事前に設定しておいた評価観点と評価尺度に基づいて段階毎に観察し、記録すると個の変容が比較的に捉えやすい。なお、各活動目標に照らした評価観点や評価尺度の設定は、学年内や行事部会等で検討する等、できる限り客観性を保つようにする。

●質問紙法の活用

　アンケート形式で子供自身に回答してもらうが、質問事項をただ幾つかの選択肢から選んで回答するだけでなく、自由記述も並行して行うようにすると個の変容が浮き彫りになって可視的に捉えやすい。

●面接法の活用

　各活動段階で意図的に問うて記録に留めるのも効果的であるが、観察記録、振り返りカード等での記述内容を基に面接して問うことがいちばん個の変容を手応えとして捉えやすい。対応可能な限り採用したいものである。

【集団的変容評価の方法】

●活動記録の活用

　活動毎に記録させる子供の活動記録カードを活用し、それぞれの過程での集団的な変化をその都度見取っていく。その際、継続的な変容の見取りができるよう記載項目等を具体的に設定しておくようにする。

●活動グループや役割分担毎の振り返りカードの活用

　各活動や学校行事での取組みはグループや複数の係分担といった単位で展開されることが多い。よって、各グループや係単位で自分たちの取組みはどうであったのかを振り返りカード等の活用で省察させることも集団的変容を見届けるためには必要である。

●活動記録や感想文の活用

　各活動や各行事等での個々の取組みを、行事新聞や行事文集といった名称で公開すると、集団としてのかかわり方の傾向や今後の課題が見えてくる。個々の活動反省を比較的に分析すると、そこには集団的変容評価にかかわる振り返りの記述が顕れてくる。その振り返りで出された感想や意見の発言記録、書かれた文章等を手がかりに変容評価を進めるようにする。

●観察記録法の活用

　子供の活動状況を教師が事前に設定しておいた評価観点と評価尺度に基づいて段階毎に観察し、集団的傾向として記録すると変容が捉えやすい。この場合も個の変容観察同様に、各活動目標に照らした評価観点や評価尺度の設定は、学年内や行事部会等で検討する等、できる限り客観性を保つようにする。

●質問紙法の活用

　アンケート形式で子供自身に回答してもらうが、質問事項をただ幾つかの選択肢から選んで回答するだけでなく、自由記述も並行してその時の様子等の省察ができるようにすると集団的変容傾向が可視的に捉えやすい。

●面接法の活用

　各活動段階での取組み等について、個別に面接して問うと集団としてどうかかわったのか、問題点は何かがダイレクトに手応えとして捉えやすい。

【教師の指導評価の観点】

●学校教育目標の具現化に向けて、特色ある活動が展開されたか。

●全体的に教師の適切な指導が行きわたっていたか。

●子供による自主的・実践的な活動を促すことができたか。

●活動を通して子供と教師、子供相互の人間関係が深まったか。

●活動を通して学校生活に潤いが生まれ、生活改善が図られたか。

●活動内容の偏りや実施時期、支援体制等での不都合はなかったか。

●活動内容や活動組織、役割分担、活動場所等の不備はなかったか。

●保護者や地域住民、地域関係諸機関との連携体制はとれていたか。

●子供自身が集団への所属意識や連帯感を実感していたかどうか。

●活動を通してメンバー間の望ましい人間関係は構築されたかどうか。

●子供自身の自発的・自治的な活動が保証されていたかどうか。

●その活動が子供の社会性や道徳性を促す機会として機能したかどうか。

　特別活動における教育評価は改めて繰り返すまでもないが、子供一人一人の個性を生かし、それを主体的に発揮させながら伸長させてやることである。そして、その評価過程では、自分自身に対する自信を深めたり、進んで望ましい人間関係を構築しようとしたり、将来の自分への夢や希望が保てたりするようにしていくことが大切である。

　学習指導要領で謳われている「生きる力」の育みを特別活動で具現的にイメージすると、そこには「集団や社会の形成者としての見方・考え方を働かせることができている」という①人間関係調整力（集団の中で人間関係を自主的、実践的によりよいものへと形成する資質・能力）、②社会参画（よりよい学級・学校生活づくりに向けて主体的に参画して解決しようとする資質・能力）、③自己実現（集団の中でこれからの自己課題を発見してよりよく改善・実現しようとする資質・能力）の3視点が見いだされる。そして、活動を通して子供がa「知識・技能」やb「思考力・判断力・表現力等」、c「学びに向かう力や人間性等」の具体的な力を存分に発揮しつつ自分の「見方・考え方」を働かせていくことが望まれているのが分かろう。言わば、それを裏返すと肯定的な個人内評価を進めるための特別活動評価の観点となり、子供一人一人を認め……励ます学習評価が可能となってくるのである。

（3）特別活動の評価記録「指導要録」の考え方

　学校がその教育活動を行った結果として、子供一人一人の学習状況やその成長の様子について評価することは、公教育機関として当然の責務である。小・

中学校学習指導要領第1章「総則」第3「教育課程の実施と学習評価」でも述べられているように、「児童（生徒）のよい点や進歩の状況などを積極的に評価し、学習したことの意義や価値を実感できるようにすること」を体現するために指導の過程や成果を評価し、指導改善や学習意欲向上に生かしていかなければならないのである。言わば、各学校における子供・保護者あるいは地域に対するアカウンタビリティ(説明責任:accountability) でもあると考えられよう。

　このような特別活動での教育評価は指導要録に記録され、子供一人一人の継続的指導のための評価資料として活用される。ここで言う「指導要録」とは、学校教育法施行規則第24条に規定された教育評価に関する公簿である。様式1は学籍に関する記録となっており、子供一人一人の個人プロフィールが記されている。様式2は校種によって多少異なるが、次のような項目を記述する。①各教科の学習の記録（観点別学習状況・評定）、②総合的な学習の時間の記録、③特別活動の記録、④行動の記録、⑤総合所見及び指導上参考となる諸事項、⑥出欠の記録、となっている。

　改めて言うまでもなく、「特別活動の記録」は a「学級活動」、b「児童（生徒）会活動」、c「クラブ活動（小学校のみ）」、d「学校行事」の内容について取組み状況を観点に従って肯定的な個人内評価として〇印で記入することになっている。そして、その特記事項の具体的な内容は「総合所見及び指導上参考となる諸事項」欄に記すこととなっている。

■第2章の参考文献
（1）　文部科学省『小学校学習指導要領解説　総則編』　2018年
（2）　文部科学省『小学校学習指導要領解説　特別活動編』　2018年
（3）　文部科学省『中学校学習指導要領解説　総則編』　2018年
（4）　文部科学省『中学校学習指導要領解説　特別活動編』　2018年
（5）　杉田洋編『小学校　新学習指導要領の展開　特別活動編』　2017年　明治図書
（6）　藤田晃之編『中学校　新学習指導要領の展開　特別活動編』　2017年　明治図書
（7）　無藤隆編『小学校　新学習指導要領の展開　総則編』　2017年　明治図書
（8）　無藤隆編『中学校　新学習指導要領の展開　特別活動』　2017年　明治図書
（9）　OECD 教育研究革新センター編『形成的アセスメントと学力』　2008年　明石書店
（10）　文部科学省編『初等教育資料』No.963「特集Ⅱ　特別活動」　2018年　東洋館出版社

(11)　日本特別活動学会監修『キーワードで拓く新しい特別活動』　2010年　東洋館出版社

(12)　B.S. ブルーム他『教育評価法ハンドブック』　梶田叡一他訳　1973年　第一法規

(13)　梶田叡一『教育評価』　1983年　有斐閣

(14)　安彦忠彦『自己評価』　1987年　図書文化

(15)　西岡加名恵『教科と総合に活かすポートフォリオ評価法』　2003年　図書文化

(16)　高浦勝義『絶対評価とルーブリックの理論と実際』　2004年　黎明書房

(17)　田中耕治『よくわかる教育評価』　2008年　岩波書店

(18)　松下佳代『パフォーマンス評価』　2007年　日本標準ブックレット

(19)　田沼茂紀『豊かな学びを育む教育課程の理論と方法』　2012年　北樹出版

(20)　田沼茂紀『心の教育と特別活動』　2013年　北樹出版

(21)　田沼茂紀編『「特別の教科　道徳」授業＆評価完全ガイド』　2016年　明治図書

第3章

特別活動を支える人間理解としての心の育み

1．特別活動が学校教育の中で果たす訓育機能

（1）なぜ学校教育に特別活動が必要とされているのか

　特別活動の時間、つまり学級活動や児童会・生徒会活動、クラブ活動、さらには学校行事の時間と聞くと、子供も教師も少し「心がほっこり」するのではないだろうか。言うまでもなく、特別活動には教科書もないし成績評価のためのテストもない。そこで問われるのは、学校や社会とのかかわりの中で望ましい集団活動や体験的な活動を通して集団の一員としてよりよく生きていくための異年齢集団や社会における人間関係構築能力、そこで求められる社会性や道徳性、自己を生かす能力としての実践力、よりよい生き方を希求するための望ましい勤労観・職業観や人生観等の実践的能力・技能（skill）等である。そして、それらを身に付けていくプロセスを通じて「自らの生き方を体験的に学ぶ」場が特別活動である。

　特別活動は、ともすると教科教育等と比較されて軽視されるような傾向がある。しかし、その理解は適切ではない。なぜなら、学校教育には教授機能と訓育的機能の両面があるからである。教授（teaching）と呼ばれる機能は学習者に知識・技術伝達するプロセスであるが、一般的には教科教育といった知的陶冶・実質陶冶を意味するものである。それに対し、形式陶冶と呼ばれる訓育（discipline）の機能は知識・技能を使いこなすための諸能力形成あるいは価値観形成といった人格形成を促すことに視点を置いた教育活動である。ならば、特別活動は言うまでもなく形式的陶冶に視点を置いた訓育的機能としての教育活動である。その点では、目の前の子供の実態からスタートし、子供の内面的な成長を促す心の教育である。

　心の教育と言うと、道徳教育をイメージするであろうが、道徳教育と特別活

図3-1　道徳性と社会性の相互補完性の関係

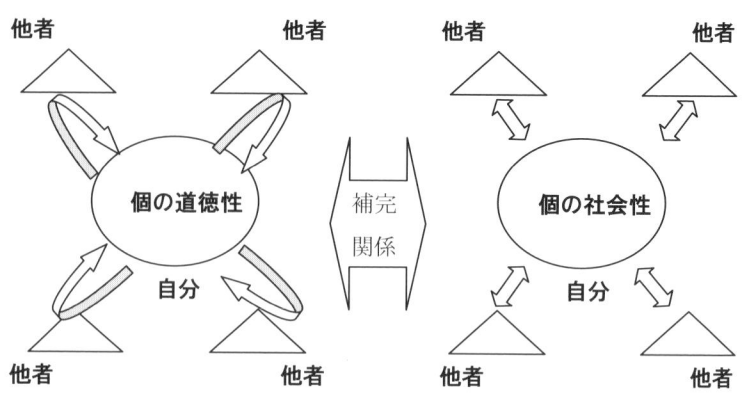

★道徳性は個と他者との望ましいかかわり方の価値付けの方向性が個の内面に向き、一方、社会性は個と他者との望ましいかかわり方の価値付けの方向性が個と他者との関係性に向く。

動は子供の人格形成教育における車の両輪のようなものである。道徳教育では他者と共によりよく生きる上で必要とされる個の内面的資質としての道徳性の育成を主に担い、特別活動では他者と共によりよく生きるための実践意志力やそのための具体的な知識・技能といった社会性を身に付けることに主眼が置かれるのである。両者は、図3-1のような相互補完性のある関係となる。

　このように教授的機能としての各教科等の教育活動と、訓育的機能としての特別活動や道徳教育はいずれかが欠けても子供の成長に様々な歪みをもたらすものであることを十分に理解しておかなければならない。なお、道徳教育について少し補説すれば、学校の道徳教育は全教育活動を通じて行う道徳教育と要の時間としての「特別の教科　道徳」＝「道徳科」との2通りで実施されるものである。

　このような子供の人格形成に即時的に寄与するところからスタートするのが、特別活動という教育活動である。そして、これらの教育活動が学校教育の中でしっかりと機能し、子供たちの「心育て」がしっかりと実現するなら、今日の学校が抱える諸病理は随分と改善するのではないだろうか。単なる実質陶冶としての「教科の論理」に留まらず、今生きている眼前の子供に対してそれを受容しつつ認め・励ますような「教育の論理」としての特別活動、さらには

道徳教育といった固有の教育活動を重視することこそ、今日の教育改革の方向とおおよそ合致する筈である。画一教育から個性教育へ、知識注入教育から主体的な知識獲得教育へ、知育偏重から体験的・創造的な教育へ、学びの受動者から学びの能動的創造者へ、他律的な生き方から主体的・自律な生き方へ、他者との競争教育から他者との協働・協同教育へ、学びの分化から学びの統合へ、学びの指導から学びの支援へと今日の教育観は大きく転換している。その如実な事例が、小・中学校から大学まで今日の学習観としてもてはやされているアクティブ・ラーニングそのものであろう。

　この「教科教育の論理」から「教育的学びの論理」への教育パラダイム・シフトは、特別活動での指導理論とそれらを具現化する方法論に大きなインパクトを及ぼしている。その具現化のための方法論的活動パターンは、おおよそ４パターンに類別されよう。

　まず一つ目は、「なすことによって学ぶ（Learning by Doing）」を本質とし、多様かつ異年齢によって構成される実践的な集団活動である。学校で言えば縦割り班活動であったり、地域社会で言えば日常的な遊び集団の中で日々年長者から学んで年少者が成長したりしている場面が容易に想像されよう。

　二つ目は、一人一人の思いや願いが大切にされ、子供自身が自主的・実践的に主体性を発揮して展開していく学習活動である。そこでのポイントは、取りも直さず自分事としてかかわるという点である。

　三つ目は、望ましい集団活動の中で心身の調和のとれた発達を促す総合的な活動、自己実現を促す主体的な活動である点である。

　四つ目は、特別活動の特質とその推進にかかわる専門用語として用いられることが多い３間（さんま：時間的流れとしての間、活動展開する空間としての間、それを共に共有し合い分かち合う仲間たちの間）に基づく活動である点である。

　以上の方法論的４パターンの有効活用が、特別活動の中で子供一人一人の自立を促すことは間違いないところである。

　教科教育を中心とした日課表から構成される学校生活とは一線を画して過ごす時間、学校内から派生して地域社会にまで広がる活動空間、同年齢や異年齢での交流や障害のある人、高齢者といった地域社会で自分と同じように生活し

ている人々との交流を促進する特別活動を中核にした様々な教育活動展開、これらが子供たちの心の育みになることは言を俟たないところである。このように、特別活動の特質を生かした教育活動を展開しようとすると、どうしても避けて通れないのが「心の育み」という教育の原点に帰着する問題なのである。

（2）「心を育む」特別活動と道徳・各教科等との関連とは

〔1〕 もう一つの車輪である道徳教育との関連

特別活動と道徳教育は言うまでもなく、子供一人一人の人格形成に欠かせない車の両輪のようなものである。

小・中学校学習指導要領「特別活動」の第3「指導計画の作成と内容の取扱い」1では、道徳教育の目標に基づき、道徳科の内容については「特別活動の特質に応じて適切に指導すること」と述べられている。この文言が意味することは学習指導要領解説編にも述べられている通り、特別活動で育てようとする資質・能力は全て子供が自ら考え、自ら高めていけるような自主的・実践的活動を通して初めて可能となるものである。それは一朝一夕に目に見える教育成果として示せるような性格のものではないし、一部の教師が一部の教育活動で実現できるようなものでもない。よって、その自主的・実践的な活動を動機付けたり、活動を可能にする知識や技能および思考力・判断力・表現力等を他の教育活動で意図的に育んだりしていく必要があることである。特に、人間としての在り方や生き方を問い続ける学校教育全体で推進する道徳教育や、それら道徳教育の「要（かなめ）」として機能する年間35時間（小学校第1学年は34時間）の道徳科は特別活動と相互補完的な表裏一体の関係性にある。

道徳教育および道徳科と特別活動の相互補完性についての共通項は、端的な表現をするなら「よりよく生きる」ことである。つまり、道徳性や社会性、人間性といった人間関係形成能力を発揮しつつ多様な他者と協働し、社会参画意欲を保持しつつ他者と協働する中で自らのよさや可能性を発揮しながら様々な課題解決をすることを通して自己の生き方についての考えを深め、自己実現を図ろうとする「自己実現力形成プロセス」という点においては同様なのであ

る。もちろん、道徳教育はよりよく生きるための内面的資質となる道徳的な実践力の育成であり、特別活動はよりよく生きるための実践力育成そのものである。その両者間の関係性は、どちらが先でどちらが後といった順序性もどちらが主でどちらが従といった人格形成上の従属関係もない。むしろ重要なことは、特別活動と道徳科での指導の特質をそれぞれ明確化しながら同一の教育的学びを共有しながら協働的に指導することで、相乗的な教育効果が期待できるような指導にしていくことである。そのためには学校教育全体計画を俯瞰し、特別活動と道徳科の年間指導計画に有機的連携補完性をもたせることが必要である。

〔2〕　各教科・総合との連携がもたらす特別活動での相乗効果

　小・中学校等学習指導要領「総則」第2「教育課程の編成」2の（1）では、「児童（生徒）の発達の段階を考慮し、言語能力、情報活用能力、問題発見・解決能力等の学習の基盤となる資質・能力を育成していくことができるよう、各教科等の特質を生かしつつ、教科等横断的な視点から教育課程の編成を図るものとする」と述べられている。この一文が意味することとは、各々の教育活動を通して予め意図された教育目的を達成することではない。また、各々の教育活動をしっかりと実践すれば、結果的に意図する教育目的を達成することになるという予定調和的な辻褄合わせの考え方でもない。

　つまり、特別活動の遠足（旅行）・集団宿泊的行事で総合的・教科横断的なテーマとしての「平和学習」を児童・生徒の学びとして意図的にカリキュラム編成しようとするなら、そのコア（中核となる「平和」）を取り巻く様々な学びの視点として、例えば、被爆地訪問を通してその歴史や地理、人々の生活、人間としての生き方等々を学ぼうとするなら、そのための課題発見力や学び方、知識・技能、思考力、判断力、表現力、問題解決能力、学ぶ意欲等が不可欠な要件となるのである。社会科で被爆地の背景となる学びをしたり、国語科の文学教材を通して当時の人々の生活を学んだり、はたまた道徳科を通して人間の生き方を学んだり等々の内容にかかわる直接的な学びもあろう。さらには、体育科を通して互いに安全に配慮しながら協働して学ぶ態度を身に付けることも

あろう。総合的な学習の時間であれば、課題発見力や情報活用等を前提にした学び方や問題解決力等が「平和学習」を深めるための学びのツールとして多いに機能しよう。

　言わば、コアとなる「学びのテーマ」に対して意欲も含めた深めるべき多様な学びの内容、学ぶための方法や手段等々が交錯して平和学習のベースとなって横たわっている生命の尊さ、人間の尊厳や人間としてよりよく生きる意味を複眼的に俯瞰することが可能となってくるのである。

（3）特別活動を意識した各教科・総合におけるカリキュラム編成の視点

〔1〕　子供一人一人のキャリア形成的な視点で

　今次の学習指導要領では、特別活動における「キャリア教育の要としての特別活動」という視点が中学校のみでなく、小学校でも重視されている。それを裏付けるように、小学校学習指導要領解説「特別活動編」では、「特別活動とは、様々な集団活動を通して、課題の発見や解決を行い、よりよい集団や学校生活を目指して行われる活動の総体である。また、特別活動は、身近な社会である学校において各教科等で育成した資質・能力について、実践的な活動を通して社会生活に生きて働く汎用的な力として育成する教育活動である」と述べられている。

　この視点が意味するのは、特別活動を通して育てたい資質・能力を学校全体で確認しながら学校教育全体計画や特別活動全体計画で共有し、各教科等の年間指導計画作成時に総合的かつ教科等横断的に関連化を図りながら新たな学校生活や学習への意欲を喚起したり、自分の将来の生き方への展望をもたせたりしてキャリア・ガイダンス機能を充実させるということである。同時にそれは、子供自身が学校生活での学びを通して自らの成長を実感すること、つまり自己評価活動を展開することでもある。各教科等での学びと特別活動での集団活動を重ね合わせて自らの成長を自己評価することで自己実現に向けたキャリアパスを手にすることができるのである。

　ここでいうキャリアパスとは、学校教育の場で考えるなら学びの経験やスキ

ルを積みながら、自らの能力を高めていくためのプロセスを系統立てて考え、将来の夢や希望達成に向けたプラン（キャリアアッププラン）の具体化・明確化を意味している。

　言わば、各教科や道徳科が子供一人一人の中に直接働きかけて「豊かな心」の育成を図ろうとするのに対し、特別活動においては個人と集団、個人と社会とのかかわりを体験的かつ具体的に展開する活動を通して間接的に「豊かな心」の育成を図ろうとするものであると説明できよう。

　特別活動では、子供が活動をする中で普段は吐露しない個の内面を見せたり、予め意図していなかった思わぬ教育成果へと発展したりすることも珍しくない。その点では、集団活動を通しての合意形成とか集団活動の論理による協働性といった、一見すると個人尊重と相反するような捉え方をされるようなこともあるが、決してそうではない。集団活動を展開することで普段の教科学習では表だって活躍できない子供が自己発揮できたり、活動している子供自身が自らの内面に秘められていた潜在可能性に気付いたりするようなことは多々ある。そのようなことから、集団と個は相反的概念ではなく、多様な個性が発揮される機会を得たり、個性を尊重し合うことでよりよい集団活動の実現が期待できたりするのである。

　そのようなことから、カリキュラム編成にあっては子供を学びのセンターに位置付け、子供一人一人が集団活動の中で個性発揮ができるような多様な経験の連続が可能となるような題材、内容、実施方法等を考慮していくことが何よりも大切である。そのためには教科教育のような一律な学習ではなく、眼前の子供の生活に根ざした各校の独自性や特徴を発揮できる活動、地域社会との関係が密接な活動、自分たちの取組みを誇れて価値付けられるような活動を大切にし、教師の創意工夫が溢れるような３間（時間・空間・仲間）が共有できるようにしていきたいものである。

〔2〕「なすことによって学ぶ」その先にあるものとは

　子供たちの学校生活の大半を占める教科教育と特別活動との教育意図の差違は、いったいどのようなものであろうか。それは、それぞれの教育活動が内包

する目的性の違いである。

　国語科や社会科といった各教科は、学校の教育課程上の位置付けは教科教育である。それに対して特別活動は教科外教育もしくは領域教育と呼称される。そして教科教育とは一線を画した教育活動として、特別活動は子供たちの学校生活に変化と潤いをもたらし、子供が互いにかかわり合い、「なすことによって学ぶ」ことを展開するのである。

　このような教科外教育としての特別活動は、各教科での授業目標と一線を画する。各教科であれば、その時間で取り上げる学習内容をきちんと押さえることが目的とされる「内容的目標設定」である。つまり、その目標が達成されないと次の時間の指導に支障をきたすので、明確な指導のゴールが設定されているのである。それに対し、道徳教育もそうであるが、特別活動で設定するのは個々の子供の生きる望ましさとしての資質・能力形成に向けた人格的可能性を開花させるための「方向的目標設定」となっている。その教育活動を展開したことですぐ目に見える成果は確認できなかったとしても、それが個々のその後の生活で役立ったり、能力として開花したりするならば、教育活動として大いに意味をもつのである。このような教育可能性を拡げるゴールフリーな「方向的目標設定」こそが、教科外教育としての特別活動がもつ教育活動の大きな特質である。教科教育にはその担う役割が、教科外教育にはそれらと一線を画した役割があるのである。

２．特別活動の先にある「心の育み」

　小・中学校学習指導要領「特別活動」の目標として示された「集団や社会の形成者としての見方・考え方を働かせ、様々な集団活動に自主的・実践的に取り組み、互いのよさや可能性を発揮しながら集団や自己の生活上の課題を解決すること」を通して、子供が発達の段階やその発達特性に応じて自らの人格形成に必要な資質・能力を獲得していくのがその教育的特質である。しかし、実践的な教育活動として特別活動を展開していく際には、そのためのより具体的なキーワードも必要であろう。例えば、これまでの学習指導要領「特別活動」の目標で繰り返し述べられてきた事柄が具体的な心の中身になることは間違い

なかろう。列挙すれば、以下の５点である。

　①望ましい集団活動の充実

　②豊かな人間性や社会性の育み

　③人間関係構築力の育み

　④自主的・実践的な社会参画態度

　⑤自己を生かす自治的能力の育み

　これらのキーワードこそが、各学校の教育課程において意図的・計画的な教育活動として実施されている特別活動の全てを物語っているのである。

〔1〕　望ましい集団活動の充実

　特別活動を展開する上で「望ましい集団活動」というのは何よりも前提である。子供が進んで集団活動にかかわり、自主的・実践的に活動し、その過程で互いが理解し合ったり高め合ったりし、その結果として子供一人一人が自らの人格的成長を促進するということをイメージすると、そのためにはどうしても望ましい集団活動がなければならないのである。集団的相互作用・互恵的関係が機能することこそ、「望ましい集団活動」である。

《集団におけるコミュニケーションタイプ類型》

　タイプⅠ：I am OK. You are OK.［相互尊重の関係］

　タイプⅡ：I am OK. You are not OK.［独善的な関係］

　タイプⅢ：I am not OK. You are OK.［服従的な関係］

　タイプⅣ：I am not OK. You are not OK.［相互不信の関係］

　図３−２のタイプⅠのような集団的コミュニケーション関係を実現するためには、まず、子供たちが自主的、実践的に集団活動を展開する中で相互信頼的な関係を構築できることが前提でなければならない。そうでなければ、互いにそれぞれの人格を尊重し合ったり、個性を認め伸ばしたり、互いの良好な人間関係をより伸長したりしようとする相互作用が機能しないからである。

　裏返せば、少数の子供が活動を支配していたり、子供相互のなれ合い的な集団活動に終始したりしているならば、そこでは個々の自主性や実践的態度は育成されることはないし、自己を生かす能力の向上は期待できないということで

図3-2　集団におけるコミュニケーション的相互関係

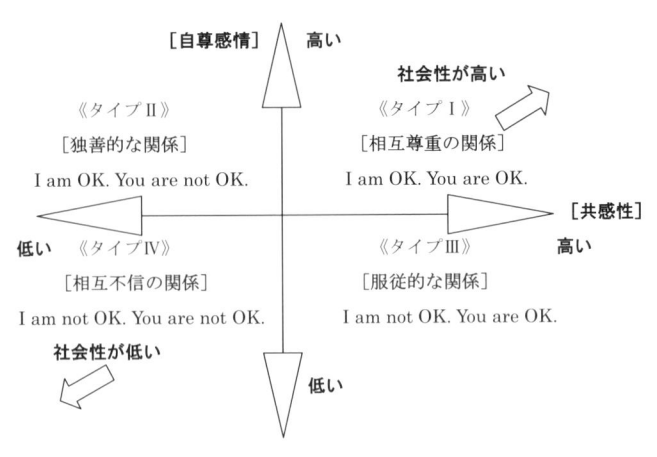

(国文康孝『カウンセリング・ワークブック』 1986年　誠信書房刊を基に作成)

ある。

〔2〕　豊かな人間性としての道徳性や社会性の育み

　個の人格形成に寄与する豊かな人間性を構成する資質となる道徳性や社会性の育成こそ、特別活動でねらう目的的特質でもある。心身の調和のとれた発達と個性の伸長を図ることの重要性は、子供一人一人が将来的に自己実現（self-actualization）していくための人格的特性の基礎付けとなるという点で極めて重要である。

　自己実現とは、自分が志向する目的や理想の実現に向けて努力し、成し遂げることを意味する。米国の心理学者マズロー（A.H.Maslow, 1908～1970年）は、「人間は自己実現に向かって絶えず成長する生きものである」と仮定し、人間の欲求を5段階で理論化した。マズローによれば、人間は第1段階の生存の欲求が満たされると、より高次元の段階（階層）の欲求（第2～第4）を求めるようになる。そして、最終的には人間本来の理想としての第5段階の自己実現の欲求を求めるようになるとしている。また、第5段階到達者の中には、さらなる「自己超越（self-transcendence）」段階に至る者も少数ではあるが存在するとマズローは晩年に述べている。

図 3-3　マズローの欲求階層図

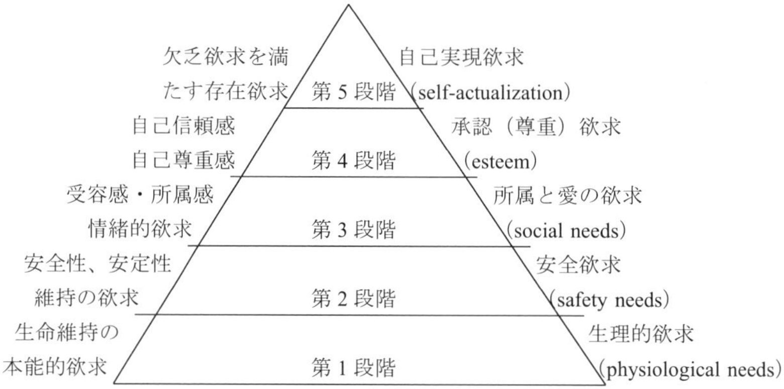

（A. H. マズロー『人間性の心理学』 小口忠彦訳 1987年 産能大学出版部刊を基に作成）

　一人一人の子供が真の自己実現を目指すためには、それぞれの発達段階に即して自分の個性に気付いたり、それを発揮した時の成就感に浸ったり、さらにそれを活かすための進路を見通したりしていけるようにすることがとても大切である。特に、特別活動においては様々な集団活動を通して、子供が自己理解を深め、自分の個性に気付き、伸長しようとする主体的態度を育てることが大切である。

　特別活動の目標に掲げられている「個性の伸長」とは、何か特別な人生の高みを目指すことを求めているわけではない。一人の尊重されるべき存在である子供が、将来的に社会人として、職業人として、家庭人として、一個人として自分の善さを発揮しながら幸福な人生を送ることができるような豊かな人間性、社会性や道徳性、主体的態度の育成を意図しているのである。

〔3〕　人間関係構築力の育み

　倫理学者の和辻哲郎は『人間の学としての倫理学』（1934年）において、人間は文字通り「ジンカン」に生きる社会的存在であり、「間柄的存在」であると述べているが、そこに求められる前提は人間関係構築力である。その基底をなすのが図 3-2 で示した道徳性と社会性とによる相互補完的関係による役割

取得能力（Role-taking：他者視点での思考能力）や人間関係調整能力である。

　集団や社会の一員としてよりよい生活や人間関係を築こうとする態度の育成は、子供が自分の所属する集団への連帯感、所属感をもち、集団の一員として自覚しながらその集団生活や社会生活の向上を目指して進んで貢献しようとする社会性を育成していくことを意図している。もちろん、それは道徳性と相互補完的関係にあり、単独で存在するわけではない。日常生活の中で社会性が望ましいかたちで発揮されるためには、その前提として道徳性の獲得が不可欠であるし、個の内面に培われた道徳性が日常生活の中で望ましいかたちで実践されるためには、その支えとして社会性の獲得が不可欠である。両者に共通するのは、「望ましさ」である。

　例えば、小学校段階における学級・学校生活の向上を目指して自分に課せられた役割や責任を果たそうとする態度、一人一人のものの見方や考え方が違う他者を受容して互いのよさを尊重し合って協力する態度、集団や社会の規律を遵守しようとする態度、互いの人権を進んで尊重しようとする態度等は社会性の基礎を培うものであると同時に道徳性を育むことそのものである。また、集団生活で各構成員が自分の役割を的確に遂行することで自己存在感が実感されたり、生き甲斐を見いだしたりするといった自己の生き方への気付きを深めることも可能となってくる。さらに、より質の高い集団生活を経験することで、自他の個性を尊重する大切さや、問題解決場面でよりよい生活や豊かな人間関係を築いていこうとする態度や能力といった人間としての生き方についての自覚に基づく自己開発力も培われてくるのである。

　このような特別活動における集団活動の場を通して身をもって学ぶ体験の積み重ねは、体験の経験化と称され、個々の子供の内面に大きな変化をもたらす。つまり、体験（experience）は全我的な生丸ごとの感情体験で印象深いものではあるが、それは個人のレベルに留まる直接認識である。それが、意図的・計画的な集団教育活動として展開されると、他者とかかわる中で直接認識が整理されたり、他者の捉え方といった客観的事実も付加されたりして、客観的認識へと知的加工を施されることとなる。その客観的認識こそ経験である。やはり'experience'と綴られるが、当初の体験'experience'とは主観的⇒客観

的、個人的⇒一般的とその質的側面ではレベルが明らかに異なる。この体験の経験化は、社会的存在として生きる人間に不可欠な切実感の伴う「生きて働く力」そのものである。特別活動では、このような体験の経験化を通して家庭や地域、社会の一員として望ましい行為を主体的に選択し、自己決定していくための基盤となる豊かな人間関係構築力を培うための態度形成こそが、「社会的な資質の育成」という視点で重要となるのである。

〔4〕　自主的・実践的な社会参画態度

　特別活動において特に強調されるのは、この社会参画に向けた「自主的・実践的態度の育成」である。特別活動では、望ましい集団生活を築くために子供同士が互いに協力し合って直面する問題を解決したり、自分たちの役割や責任を進んで遂行したりしながら、集団場面を通じて実践的かつ体験的に学ぶ活動が展開される。当然のことであるが、その過程では相互のものの見方・感じ方・考え方といった価値観の違いから感情的な軋轢や合意形成阻止要因等が様々生じてくる。それが具体的な行為の伴う実践過程では、なおさらである。また、

図3−4　自己概念と自己経験の関係

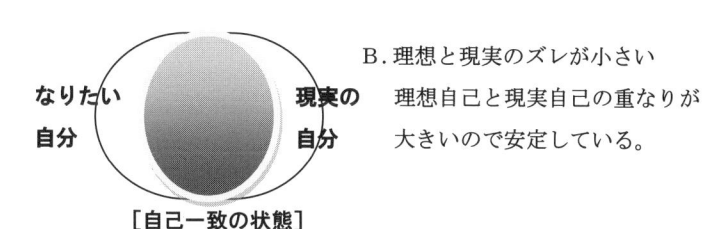

A. 理想と現実のズレが大きい
理想自己と現実自己の重なりが少いために内面葛藤が生じやすい。

［自己不一致の状態］

★現実を正しく認識し、理想実現へ努力する。

B. 理想と現実のズレが小さい
理想自己と現実自己の重なりが大きいので安定している。

［自己一致の状態］

（C.R.Rogers『クライアント中心療法』1951年より作成）

個の内面においても理想とする自己像と現実の自己像との間に「ずれ」が生じて、葛藤に直面することも少なくない。そのような際に、自らの感情や衝動をコントロールする自己制御能力を高め、他者との望ましい関係を構築しながら自己理想を実現するための主体的な選択決定能力、自己を生かそうとする自主的・実践的態度を伸長させることは重要である。このような社会参画への自主的・実践的な態度育成のための意図的かつ計画的なねばり強い指導・支援を行っていくことが特別活動を進める上ではとても大切である。

〔5〕　自己を生かす自治的能力の育み

　小・中学校学習指導要領「特別活動」で述べられている「自己実現を図ろうとする態度」を育成するためには、どうしてもその前段階となる「自己の生き方についての考えを深め」たり、「人間としての生き方についての自覚を深め」たりといった部分での育みが不可欠である。ここで言う「自己を生かす能力」とは、集団生活や社会生活の中で他者と共生しながらより充実した人生を送ることのできるような自己実現を図る上で求められる自治的能力である。よって、個として勝手気ままに振る舞うことではない。むしろ、個に内在する個性や能力・適性等をしっかり理解すると共に、主体的に物事を選択決定するための判断力や価値観を養い、責任ある行動をすることができるような自治的能力としての「生きて働く力」の育みである。そのためには様々な人の生き方に触れ、自分はどう生きればよいのか、人間はいかに生きるべきかという社会性、道徳性、人間性にかかわる部分での発達段階に応じた自覚化が必要である。言い換えれば、自己理解、他者理解、そして相互理解を促進するという能力が必要となってくる。それが「自己を生かす能力」と説明することができよう。その能力は、集団や社会の一員として諸問題へ積極的に取り組み、適切に思考・判断しながら望ましい解決策を見いだしていく社会的自立への足がかりとなるものである。

　図3-5は、「ジョハリの心の四つの窓」（Joseph Luft & Harrt Ingham, 1955年）と呼ばれている「より生きやすいライフスタイル」を構築するための自己理解促進についての模式図である。

図3-5　ジョハリの「心の四つの窓」

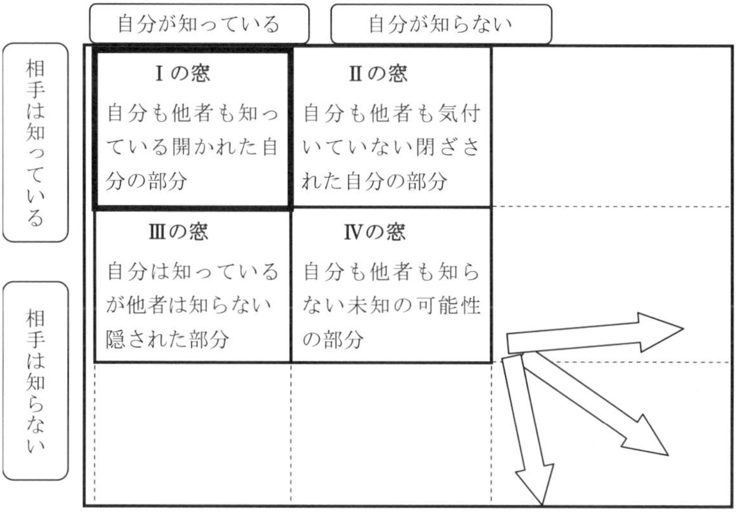

	自分が知っている	自分が知らない	
相手は知っている	**Ⅰの窓** 自分も他者も知っている開かれた自分の部分	**Ⅱの窓** 自分も他者も気付いていない閉ざされた自分の部分	
	Ⅲの窓 自分は知っているが他者は知らない隠された部分	**Ⅳの窓** 自分も他者も知らない未知の可能性の部分	
相手は知らない			

（行動科学実践研究会『CREATIVE　O.D.　Vol.4』1984年　プレスタイム刊を参照作成）

　人間は、個という全体がその必要とされる全ての機能を使って目的に向かって行動していると捉える「個人心理学」の名称で知られるオーストリア出身の精神科医アドラー（A. Adler『個人心理学講義』1929年）は、その人らしさとしての「個性」は、日常生活での諸課題に直面した状況を打開する体験を重ね、経験化する過程で更新されながら形作られるとしている。そして、その過程で多くの社会的知識や社会的技術・スキルを身に付けていくこととなる。それは自分の知らない窓を押し拡げるだけでなく、共に歩む他者を理解しつつ自分をも理解してもらうという互恵的な人間関係構築能力の拡大を意味するのである。

３．特別活動で育む「心」とは何か
（１）なぜ心の教育が必要なのか
　特別活動の目的と教育的特性をここまで述べてきた事柄を総括すると、「人間形成のための教育活動」と説明できるであろう。
　現代社会は、社会問題、経済問題、環境問題等々の様々な諸課題を抱えてい

る。科学技術の進歩やグローバル化による社会構造の高度化は、果たして人々に限りない未来への可能性と幸福感とをもたらしたのであろうか。これからの時代を生きる子供たちの明日の社会は、変化が激しく、より複雑な人間関係の中で未知の課題を試行錯誤しながら解決していくことを否応なく迫られよう。この複雑化する社会の進展は人間相互の関係性をより希薄化させ、個の内面に陰を落とすことが懸念されるところである。

　社会構造の変化に伴う核家族化からシングルライフ化への加速度的進行、高度情報化の促進で人間的関係が前提で成り立っていたのが情報共有と契約による社会へと転換しつつある今日、人々の生活に忍び寄るのは「孤独に生きる辛さ」である。

　人間は本来、支え、支えられる社会的関係性に依存する存在である。よって、人と人とが互いの顔と顔とを見合わせながら共に支え合って生きてきた実名社会が、高度情報化の進展等で匿名化社会に変貌してきたら、社会経験の不足に起因する自分に自信がもてない自己肯定感の低い子供や、人間関係構築面での不安から将来への夢や希望を抱けない子供がますます出現してくることは間違いのないところであろう。

　人は、人の中でこそ生きられる存在である。「孤児の家」、「ハンセン病患者の家」、「死を待つ人の家」等を設置して貧しい人や病んだ人々を生涯にわたって愛し、支え続けた宗教的人道家のマザー・テレサ（Mother Teresa, 1979年、ノーベル平和賞受賞）は、「この世の最大の不幸は、貧しさや病ではなく、だれからも自分は必要とされていないと感じることである」という名言を残している。本来的に人と人が支え合い、人と人との間に生きることにその特質があるはずの人間が、人間社会から疎外されるような文明はたとえ物質的に恵まれていても、それは本来的に豊かな社会ではないのである。それにもかかわらず、この期に及んでもなお多くの人々に幻想を抱かせている学歴神話を信じて疑わない。学校ではひたすら知識を身に付けて他者を退ければ世間的によいとされる上級学校に入学でき、そのまま無事に卒業したら待遇の恵まれた職場に勤めることができて生涯安泰に暮らせるといった学歴万能の思い込み、学歴幻想は人々の内心では未だ健在である。そのような社会の無言のニーズに応えるべ

く、わが国の学校教育は国際学力調査の結果に一喜一憂し、全国学力調査で公表される成果を金科玉条のごとく崇め奉って行政単位でその番付上昇を目指して一丸となって取り組む現実があるのも事実である。そして不思議なことに、そこには思想的主義主張も、立場の相違による見解の食い違いも表面化しないのである。学力至上主義的な発想からおいそれと脱し得ないわが国の学校教育にあって、教育基本法第1条に謳われている「平和で民主的な国家及び社会の形成者として必要な資質を備えた心身ともに健康な国民の育成」の具現化は容易なことではないと考えるのが妥当であろう。そのような学力向上に直接関与する学習内容を取り扱う内容的目標設定としての教科教育群の中にあって、人間としての在り方や生き方といった人格形成そのものを目的とする方向的目標設定の道徳教育や特別活動等は極めて重要な部分を担う教育活動なのである。仮にそのような人格形成に寄与する教育活動を軽視するような風潮が学校教育関係者の間にあるとするなら、それは「仏作って魂入れず」といった偏ったものとなってしまうのである。

（2）「心即理」の実践哲学としての特別活動

　特別活動は、人格の完成という高邁な教育目標実現に向けての人間形成がその目的である。そこでの教育は日常的な学校生活の中での実践的活動として、望ましい集団活動や体験的な活動を通して将来の実際的な社会で生きて働く社会性や道徳性を実践的に身に付けさせていくことが主たる目的となっている。つまり、望ましさの実現という実践力を培うための実践的教育活動であることが何よりも重要なのである。

　実践的であるということは、ただ心動かされてもだめなのである。また、ただ知識として頭で理解するだけでも、やはり無意味なのである。そして、さらに言及するなら、心性や知性の働きの結果として生ずる行為に関しても、ただ機械的に行うだけではだめなのである。

　かつて中国の明の時代に心と行い、知性と行い、「知行合一」という陽明学を唱えた王陽明の命題に「心即理」という概念がある。「心」とは、即ち人間の自然な感情や感性的なものを意味する「情意的側面」である。「理」とは、

人間の叡智にまで及ぶ知性的なものを意味する「認知的側面」である。そして、「心」があれば「行い」が生じ、「理」があればやはり「行い」が必然的に生ずるという考え方である。「行い」というのは即ち「行動的側面」である。これらが不可分にバランスよく作用すると、「知行合一」という人間にとっての理想的な望ましい状態が出現するのである。特別活動は、まさにこのような「有情在理」の望ましさの体現を目指す実践哲学的な教育活動である。

　これらの人間形成としての特別活動において、まず大切にしなければならないのは、自らの将来展望である。将来の自分の生き方についての見通しをもつことで、将来の自分のために自立的に生きる上で必要とされる必資質・能力を身に付けていくという意識化を図っていくことがとても重要である。特に、自分の在り方や生き方の善さや個性を生かしつつ、社会や自然、環境といった「人・こと・もの」とのかかわりの中で共に生きる他者とよりよく生きていこうとする気持ちや態度、スキル等を身に付けていくことで自分自身への肯定的な眼差し、あるいは自分自身への信頼感に基づいた自信を深めていくことが重要なのである。

　しかし、自己への信頼感や自信を育むといっても、そう容易いことではない。ならば、子供にとっての自己信頼感の低さ、つまりネガティブな劣等感情とはどのようなものなのであろうか。前出の精神科医アドラーは、自己に対する一括りのネガティブな感情を、器官劣等性、劣等感、劣等コンプレックスといったものに分類した。

《自己に対するネガティブな感情の分類》

◆器官劣等性（organ inferiority）

　自分の意思に基づくものではなく、身体諸器官・身体機能面において客観的に劣っていると認識されること。例えば、身長が低いとか、走るのが苦手といった場合である。その克服には個として劣っている部分を重要視するのではなく、その個人の固有な特性、優れた部分に着目させる必要がある。

◆劣等感（inferiority feelings）

　その人が他者と自分とを主観的に比較して、自分は他者より劣っていると感じること。その際、ネガティブな感情を誘発するのは自分自身による主観的な

自己評価基準である。よって、それを改善するためには、他者の賞賛を得たり、他者評価を知ることができれば大いに改善されるのである。個としての主観に縛られず、客観的に自己評価できる基準をもつことが劣等感解消となる。

◆劣等コンプレックス（inferiority complex）

　自らの劣等感を逆手にとって、自分が直面する課題を回避しようとすること。例えば、努力したくない子供が、「どうせ自分は頭が悪いからやっても無駄だ。だから最初からやらない」と言い逃れるようなことである。それは、事実というよりも口実である場合が多いので、決してそうではなく、自分の課題に正対すべきであるという「説得」と「勇気付け」が必要となってこよう。上述の「説得」とは、自他共に納得できる方法を積極的に提示し、それを受け入れさせることである。また、「勇気付け（encouragement）」とは、アドラー心理学では様々な劣等感情を抱いている対象を励まし、克服しようとする気持ちをもたせることを意味する。例えば、自分が苦手と思っていることを自分の問題として受け止め、困難を克服しようと努力する気持ちを育てることである。よって、ただ褒めることでも、慰めることでも決してない。ネガティブな感情を抱く子どもがそれを解決したいと求めていることを真摯に受け止め、望ましい集団活動や豊かな体験活動を通して、多面的な視点から個を支援することがここで言う「勇気付け」である。「勇気付け」といった支援を真正面から行える教育活動、まさに人間形成そのものを目的とする方向目標的な教育活動であるところに特別活動固有の特質があるのである。

（3）特別活動で育む「心」を明確にして取り組む

〔1〕 特別活動で意図する心の在処

　学校教育の世界では、「心豊かに」「心逞しく」「心育て」といった気恥ずかしくなるほどに「心」が大切に語られる。しかし、その様相は明確であるどころか、育てるべき実相についての共通認識もないままに語られている現実がほとんどである。

　例えば、教師集団に向かって「あたなが子供たちに育てようとしている心は

どこにありますか？」と質問するとどんな反応が返ってくるだろうか。こんな意地悪な質問をすると多くの教師は戸惑い、「やはり、考えたり感じたりする頭の中にある」「時々胸のあたりが切なくなるから、心臓のあたりだろう」「いろいろな時に、いろいろなところで感じるから身体全体だ」等々、実に様々な反応を示す。つまり、お互いに心の在処とか、皆で育てようとしている心とは何か等という野暮な確認などなしに「心」が語られるのである。心＝こころは文学の世界、芸術の世界、科学の世界、スポーツの世界、宗教の世界、政治の世界等々によって捉え方は千差万別で、人間としての感性、精神性、人間存在そのもの等々と中核となるものも異なっている、つまり、心の大切さを皆で共有し、皆で真剣に取り組めば本当に育つと思っているのが「心＝こころ」というやっかいな代物なのである。

　まず、心は様々な分野を網羅する定義の範疇を超えた存在であることを前提としたい。しかし、それはどの分野においても確かな存在感をもって君臨する。つまり、それがなかったら各々の分野を説明付けられないのである。具体的な場面で考えてみたい。教育の世界で語られる心とは、文学的あるいは芸術的な情操や感性、体育的な側面での逞しさや精神力、道徳科等で語られる対人間関係調整力等が一般的であろう。

　これらを前提に特別活動における「心」、育むべき心とは何かと自問するなら、本書がここまで語ってきたのは社会的存在として生きるための資質・能力の育成こそ特別活動という教育活動の本質であることから、個人と個人、個人と社会とのかかわり、つまり和辻哲郎の指摘する間柄的存在として生きる人間の「人と人との間に特別活動の心は存在する」と説明することができよう。このように育むべき対象を明確化することで、どのような目標で、どのような具体的な内容を、どのような方法で育てていったらよいのかと共通理解して取り組むことができるのである。

〔2〕　特別活動におけるもう一つのカリキュラム

　特別活動において、その教育目的的対象を明確にすることは、実に大きな問題である。しかし、これが明確になったからと言って、全ての教育活動が順調

に機能するのかというと、事はそう簡単には進まない。そこには、人間の取り巻く様々な諸要件が作用するからである。ここでは、もう一つのカリキュラムと呼ばれる潜在的カリキュラムについて述べていきたい。

　学校教育の教育課程が意味するのは単なる形式的な教育計画ではなく、これからの新しい時代を生きる子供たちに必要とされる資質・能力を培うための「学びの総体」、つまり「学校知」であることが見えてくるであろう。

　現代の学校教育に求められているのは、その学校らしさとしての独自性、その学校ならではの特色ある教育が求められている。そのような活気と自信に満ち溢れた教育活動を具現化するのが、各学校における公的な教育枠組みとしての教育課程であり、子供一人一人の学びを組織化していく明文化された公的教育カリキュラム（official curriculum）である。言い換えると、顕在的カリキュラムである。それらの顕在的カリキュラムは、各学校が置かれた教育環境（地域性、子供や保護者の教育への関心度、教師集団の専門性や士気等々）と緊密に関連し合って独自の学校文化を醸成する。このような公的カリキュラムに影響を及ぼす教育環境は明文化されていない見えないカリキュラム（裏カリキュラム）、つまり潜在的カリキュラム（hidden curriculum）と呼ばれる。これらも肯定的に受け入れ、教育活動に相乗効果をもたらすようなカリキュラム編成を担う主役は誰かと問われれば、それは他ならぬ各学校の教師そのものである。教師一人一人が時代や地域のニーズ、子供の思いや願いを受け止めつつ、眼前で展開する教育活動をデザインするところにカリキュラム開発や教育活動展開の神髄があるのである。教師はその意味で、今日の学校が求められる特色ある学校づくり、地域や子供たちの願いを具現化するカリキュラムづくりを進めていくためのカリキュラム・デザイナーであるのである。それゆえに、教師自身が潜在的カリキュラムについての自覚をもつことが必要なのである。

　学校教育の中では、教師によって教科毎に綿密な教育計画が立てられている。このような目に見える形で意図的かつ計画的に立案される顕在的カリキュラムに対し、米国の教育学者ジャクソン（P.W. Jackson）は暗黙の内に子供に強要され、暗黙のうちに子供に了解されている事柄をもう一つの裏カリキュラムとして機能する潜在的カリキュラムがあることを指摘した。例えば、子供は

教師の指示に従うこと、退屈でも授業には耐えること、教師の指示に従って授業を受けること等々といった、日常の学校生活では当たり前となっている事柄である。もし、それらが機能しなかったら、きっと全国の学校の各教室で学校崩壊、学級崩壊が発生することは言を俟たないところである。だからこそ、潜在的カリキュラムが当然とするのではなく、それが教育活動の中で有効に機能するような手立てを積極的に講じていく必要があるということである。

　下の写真は、曹洞宗大本山として知られる永平寺のある福井県吉田郡永平寺町にある永平寺中学校の正門からの画像である。少子化の影響で生徒数170名ほどの小さな学校である。しかし、この学校には営々と築き上げてきた校是である「自立」・「振気」・「敬愛」という三つの形が潜在的カリキュラムとして現在進行形で息づいている。学校を開いて地域と学校が支え・支えられる関係を築きながら、生徒一人一人が「誇りに思う、誇れる自分」を合い言葉に70年近い学校の伝統を刻んでいる。

　この中学校の誇れる特色は、永年引き継がれてきた校門での「礼」と無言清掃活動である。子供たちは登校すると、まず校門横に1本引かれた白線の前で

（永平寺中学校正門と校是　2017年8月著者撮影）

一礼する。もちろん、下校時も同様である。どんなに急いでいる時も自分たちの学舎に振り返って一礼する。また、音楽の合図で開始される校内清掃は、心を磨く修行として最初から最後まで全員が無言で黙々とこれに取り組む。終了の音楽が流れたら黙って正座して沈思黙考し、自分が少し余分に頑張れたこと、気付いたこと、今後への課題等を内省する。このような取組みは、生徒たちが最初から主体的に発想・実践したのではない。先輩から後輩へ連綿と引き継がれてきた価値ある伝統のバトンなのである。生徒たちが地域社会に根付いたこの学校文化を受け入れ、守り、後輩へ引き継いでいく価値のリレーの中で受動的な自分から能動的な自分へと自らを変容させていくのである。それは受動的にこの世に生を受け、能動的に自らの人生を切り拓き、また天命の召すままに受動的にその生を終える人間の一生を体現したような尊い教え、潜在的カリキュラムである。

　学舎に一礼する子供たちが、共に学ぶ友だちや下級生を平気で傷つけるであろうか。無言清掃に日々励む子供たちが、自分の学校の施設や設備を安易に損壊させるであろうか。「人間力」とは、特殊な知識やスキルを指すのではない。人間としてのよさ、人間らしく自律的によ（善）く生きるための内面的資質である。このような個々人の人格を構成し、より善く生きることを支える人間力を育むことこそ、学校教育の究極の目的となろう。

4．特別活動における子供理解と学級経営の重要性とは

〔1〕　子供を理解するとは何か

　特別活動は、目の前にいる子供から全てが出発する。ならば、その教育活動の主人公とも言うべき「子供理解」をすることなしに目標は達成されない。特別活動を進めるにあたっての子供理解の意義、指導におけるその留意点等について以下に考察していくこととする。

　子供の発見者として知られるスイス出身でフランスの思想家として活躍したルソー（J.J.Rousseau, 1712～1778年）は、著書『エミール』の中で、「人は子どもというものを知らない。子どもについてまちがった観念をもっているので、

議論を進めれば進めるほど迷路にはいりこむ。このうえなく賢明な人々でさえ、大人がしらなければならないことに熱中して、子どもにはなにが学べるかを考えない。かれらは子どものうちに大人をもとめ、大人になるまえに子どもがどういうものであるかを考えない（『エミール』上巻　今野一雄訳　1762年　岩波文庫　p.18より）」と指摘している。

　このような指摘を、教師はどう受け止めるのであろうか。自分が受け持っている子供たちを前に、「今は、この子供たちにとってかけがえのない時間であるから、あまり将来的なことばかり早手回しに心配するのは止そう」と割り切れるであろうか。子供はいずれ大人になる存在である。よって、そこに至る過程ではその時々に社会人として求められる資質・能力を身に付けていかなければならない。そんな存在の子供を前に、つい親や教師は老婆心で、「今これをやっておかないと」とか、「こんなことができないと、きっと大人になって困る」と気を揉んでしまうのである。その状態は、まさに眼前にいる子供の姿を見つめながら、実はその背後に幻想となって見え隠れするその子自身の未来を見ているようなものである。子供を理解することの難しさを教師は常に自戒すべきであろう。

　子供に対して適切な指導を行えるということは、その対象をよく理解していることの裏返しでもある。教育的営みにおいては、眼前の子供への理解がまずもって大前提である。

　子供の自主的・自発的な活動を第一義とする特別活動においては、子供と教師の関係、子供相互の関係が何よりも重要である。しかし、年齢的にも、生活経験的にも子供とは異なる豊かさを有していることが仇になって、教師に果たして的確な子供の姿など見えるのであろうか。諺に「子供叱るな来た道じゃ、老人笑うな行く道じゃ」という知られた一句があるが、それは子供と教師の相互理解の関係にたとえることもできよう。大人は自分が辿ってきた人格的成長のプロセスにもかかわらず、知っているがゆえに一言申さずにいられなくなるのである。そして、そのために眼前の現実をつい見落としてしまうのである。高齢者に対しても、やはりそれは未知のことで頭では自分の将来と分かっていても、やはりその現実を冷静に受け止めて見ることはできなくなるのである。

教師が子供を理解すること、簡単なことのようで実は大変難しい課題でもあるのである。

　しかし、子供を理解しなければ、適切な教育指導はできない。ならばどうするのかと言うことになるが、ここは現実的対応をするしかないであろう。つまり、「育み育てられることを必要とする個性」をもった目前の子供のために、教師は善意をもってその個性に応えて理解すればよいのである。善を指向する教師の姿勢こそ、人格形成を意図する特別活動における子ども理解の最善の方策であろうと考えるものである。

〔2〕　子供の全体的理解と個別的理解とは

　教師が子供を理解する時、その方法は2通り考えられる。一つは、その発達段階にいる子供についての心理学的、運動学的、教育学的立場等から理解する平均的理解の方法であり、もう一つは子供一人一人の個性について理解する個別的理解である。

《子供理解の視点》

平均的理解：科学的見地から進める子供理解の視点

個別的理解：かけがえのない存在としての個を理解する視点

　さらには、子供理解を曇らせる心理学的な知識も教師には必要である。これは実際の社会生活における他者理解においても共通することであるが、そのような教師の誤解や偏見が個々の子供の本質を歪める要因ともなるので、十分に配慮しなければならない。

《子供理解を歪める要因》

ア．寛容効果（leniency effect：寛大効果）

　当事者がもっている望ましい特性はよりよいものと受け止め、望ましくない特性もそれほど悪くないと過小評価してしまう教師、保護者の主観的な歪められた子供理解。

★教室では、教師の好みや好印象で左右される「えこひいき」である。

イ．ハロー効果（halo effect：背光効果）

　ある特定の望ましい特性のみに関心が向き、盲目的思い込みで過大評価してしまう。教師にありがちな背光効果による誤った子供理解である。

★〜が出来るのだから、きっと〜や、〜も出来るに違いない。

ウ．初頭効果（primacy effect：対概念は最後の印象が残る新近性効果）

　子供理解や生徒指導で教師が陥りやすい歪みで、初対面での子供の印象をステレオタイプに感情・感覚的に単純化して思い込んだり、恣意的な類型基準で判断したりしてしまうこと。初対面で会った時の第一印象が大きな影響を与える心理効果である。

★〜君は、きっと〜できる。〜さんなら、期待に応えてくれるに違いない。

エ．単純化（tabloid thinking：タブロイド思考）

　個としての成長やその育ちのプロセスといった複雑な背景を皮相的に、単純化・類型化して理解しようとする思考のありようである。寛容効果と同様、子供に特定のレッテルを貼ってしまいがちになる。

★この地域の子どもは、みんな〜だ。〜小学校の子は、昔からこうだ。

《ピグマリオン効果とゴーレム効果》

　ピグマリオン効果（pygmalion effect）とは、教師期待効果と呼ばれるもので、これは、子供が教師を逆に理解する影響を指すものである。子供が教師や親からの何らかの期待を感じ取って奮起し、期待以上の効果を生むような場合である。しかし、その期待の根拠が乏しい場合、両者間の信頼関係が良好である時はよいが、その関係が歪むと反動は大きい。

★「〜なら、きっと出来るに違いない。大いに期待しているよ」といった働きかけ。

　一方、ゴーレム効果（golem effect）とは、ピグマリオン効果と正反対の意味をもつ。つまり、相手に対し悪い印象で接することによってその印象が良い印象を打ち消して悪影響の方が勝ってしまうことである。結果的に実際はそうでないにもかかわらず、ネガティブ・イメージが実際になってしまうことを指す。

★この子は成績が良くないと期待度が低いままに接すると、その期待通りに子供の成績が下がったり、上向かなかったりすることがある。

《子供理解を進めるための原理》

　教師には、目の前にいる子供のよさを見いだし、そのよさや資質・能力を最大限に引き出していくという機能的な役割と社会的な使命とを負わされている。それは、至極納得できる当然なことであり、教職に就く者はそのような使命感を抱いて教壇に立つのが前提なのである。しかし、それにもかかわらず、眼前の子供の姿を見失ったり、歪んで捉えたりしてしまうことも往々にして生ずるのである。教師が生身の人間である以上、これは仕方のないことではあるが、それを回避する最大限の努力を惜しんではならない。以下に示す事柄は、子ども理解を進めるための原理である。

《子供理解の原理》

　ア．客観的理解
　　●主観や偏見に囚われない情報（心理テスト等）で理解・判断する。
　イ．内面的理解
　　●表に現れた言行やその特徴から、その内面を推し量って理解する。
　ウ．共感的理解
　　●個の喜怒哀楽等に寄り添って、感情共有を量りながら理解する。
　エ．独自性理解
　　●子供一人一人の独自的存在理解、かけがえのなさを理解する。
　オ．全体的理解
　　●「知情意」といったバランスで子供の人格全体を理解する。

---

〔3〕　特別活動で生徒指導をどう進めるか

　自らの学校体験における特別活動としての学級活動やホームルーム活動を思い起こすと、そこで取り扱う内容面は生徒指導と重なり合うものが多かったといった印象をもつ人も多いのでないだろうか。ここでは、特別活動と生徒指導の何がどのように異なり、どのような部分で重なり合うのかを少し整理しておきたい。

　まず、特別活動と生徒指導との差異を明確にするために、生徒指導の定義を

しておきたい。文部科学省から刊行されている『生徒指導提要』（2010年）では、「生徒指導とは、一人一人の児童生徒の人格を尊重し、個性の伸長を図りながら、社会的資質や行動力を高めることを目指して行われる教育活動」であると述べられている。つまり、生徒指導では全ての子供のよりよい人格的発達を促し、学校生活が全ての子供にとって興味深く、充実したものとなることを意図してなされる「機能」である。

　ただ、機能といった場合、子供の人格形成に寄与する教育的営みとしては道徳教育や特別活動といった教育課程上は「訓育機能」に位置付けられる教育活動もある。その区分は人格形成という教育的目的性が明確になっていて教育活動としての全体構造を有するか、それとも人格形成に寄与する部分的な教育的役割を果たすのかといったことである。その点で、生徒指導での人格教育的な働きかけはあくまでも「部分的機能」として説明されるのである。よって、学校の教育課程内教育活動での生徒指導と言った場合、各教科指導における生徒指導、道徳教育や道徳科における生徒指導、特別活動の学級活動（小・中学校）やホームルーム活動（高等学校）、児童会活動や生徒会活動、小学校でのクラブ活動、学校行事等における生徒指導を意味することとなる。さらには、教育課程外の教育活動としての朝の会や帰りの会、業間活動、給食活動や清掃活動、部活動等々での生徒指導も意味する。言わば、全ての教育課程内教育、全ての教育課程外教育を通じて、①個の可能性を引き出す開発的目的、②不適応・問題行動を未然に防止する予防的目的、③非社会的・反社会的行動を改善する治療的・矯正的目的で総合的に機能するのが生徒指導であるということになる。生徒指導の機能をまとめると、おおよそ以下の通りである。

《生徒指導の3機能》
　①一人一人の子供に自己決定の場を与えること。［自己決定］
　　　子供自身が自分の考えに従って決定し、実行していく自立的かつ自律的な体験をしていけることが大切である。
　②一人一人の子供に自己存在感を与えること。［自己存在感］
　　　子供同士が互いによさを認め合い、助け合い、励まし合えるような支持的

> 風土の培いが大切である。そして、子供自身がその中で自分の出番や自分の
> 居場所が実感でき、自己存在感を感じ取れていくことが大切である。
> ③共感的な人間関係を基盤にすること。［共感的人間関係］
> 　子供同士が互いに、あるいは子供と教師が互いに信頼し、認め合える良好
> な人間関係にあるなら、子供は自分の生き方に自信をもって明日の希望へ向
> かって努力していくことができる。子供一人一人が自己を生かすことができ
> るその前提として、豊かな共感的人間関係が大切である。

　このような「機能」としての生徒指導によって目指すのは、社会的な資質や
能力・態度を踏まえた個性の伸長と自己実現を指導・援助しながら「自己指導
能力」を育成することである。

　これからの時代を生きていく子供たちは、一人の社会構成員として他者との
かかわりをもたずに生きていくことはできない。そのためには，自他共にかけ
がえのない存在として尊重し、社会の形成者として他者に尽くすという自覚、
認識、意欲・態度等を培う必要がある。このようなねらいを実現させるため
に、子供が他者とのかかわりの中で「いかに自分らしく生きるか」というこ
と、「自分ができる社会貢献は何か」といったことを自覚化させていく必要が
ある。このような、他者の主体性を大切にしながら自らの主体性も大切に発揮
する生き方、態度としての「自己指導能力の育成」が重要なのである。

　このように、自己指導能力とは、「その時、その場でどのような行動が適切
であるか自分で決めて、実行する能力」である。その能力を発揮するために
は、他者への思いやりある判断力と問題を積極的に解決する行動意欲といった
配慮が必要となる。よって子供一人一人が自己指導能力を自らの内に育むとい
うことは、自らの望ましい在り方や生き方を自己実現していく際に不可欠な要
素となる「生き方の羅針盤」を入手するプロセスでもあると言えるのである。

〔4〕「自己指導能力」を育む要素

　子供一人一人にとって自らの内なる生き方の羅針盤として機能する自己指導
能力を育んでいくという生徒指導プロセスでは、子供が個々のレベルで自分が
学校の日常生活の中でどのような行動を取らなければならないかを考える上で

求められる以下のような自己形成能力を心に培っていくことでもある。

A．情報選択能力

自分の望ましい生き方を方向付けるための情報を収集・選択する能力。

B．課題発見能力

自分が今抱える解決すべき課題は何なのか、それを発見する能力。

C．問題解決能力

自己課題を解決するための見通しや具体的な方法を考える能力。

D．自己決定能力

自己課題解決に向けて情報を取捨選択しつつ、一歩踏み出す能力。

E．感情統御能力

自己課題解決プロセスで生ずる困難さの中で感情を統御する能力。

F．主体的思考・判断・意思力

自らの問題は自ら解決しなければならないという意思力を前提に、冷静かつ分析的にトータルな視点から思考・判断する能力。

G．人間関係調整能力

望ましい自己課題解決に向けて、良好な人間関係を前提に他者の援助も受けながら取り組んでいこうとするかかわり能力。

〔5〕　発達課題を踏まえた指導・援助

生徒指導は、子供一人一人の自発的かつ主体的な成長・発達の過程を援助する営みである。よって、生徒指導は子供にただ望ましい行動内容を教えるといった一方向的かつ教師主導的な指導のみに留まらず、子供自身が自らの問題に気付き、教師の力も借りながら主体的に考えて行動することを促すような指導・援助が重要なのである。その際に求められるのが、教師の受容的かつ支援的な態度と発達課題への正しい認識である。

子供と教師の信頼関係（仏／rapport：心の通い合い）は、親子関係とは異なり、学校教育という社会制度の中で成立する特別な人間関係で、子供の発達段階によってもその関係構築の特徴は一様ではない。以下は、岸田元美（1983年）による先行研究論文「子どもの教師認知と態度」の要約である。

表3-1　子供の発達段階による教師認知・態度

特徴／段階	教師へ期待するもの	教師に対する理解	教師に対しての態度
小学校低学年〜中学年	母親的な教師像（優しさ、包容力）	絶対視・偶像視（教師は絶対的権威）	愛情的期待と畏敬（親和的・依存的）
小学校中学年〜高学年	父親的な教師像（公平さ、熱心さ）	教師への批判視（批判的態度の芽生え）	信頼と批判（信頼、肯定、批判）
中学生〜高校生	専門家的教師（厳正、熱心な学習指導者、人生の先達的教師）	理想像の追求と現実的ずれの発見、一人の人間としての受容	反抗と性愛的思慕（反抗、批判、否定、独立、閉鎖、憧憬）

（小泉令三編『よくわかる生徒指導・キャリア教育』　2010年　ミネルヴァ書房　p.31を参照作成）

　子供と教師の関係は、表3-1のように子供の発達段階によって変化する。この「発達課題」という用語は、米国の教育学者ハヴィガースト（R.J.Havighurst, 1953年）によって提唱された個人が健全な発達を遂げるために、それぞれの時期で果たさなければならない課題、つまり、個人の成長・発達過程で生ずる発達課題（developmental task）という概念である。

　発達課題は人生におけるそれぞれの時期に生ずる課題で、それを達成すればその人は幸福で充実した生活を手にし、次の段階の発達課題達成も容易になるが、そこで達成できなかった場合はその人は不幸さと挫折感を味わい、社会からも承認されず、次の段階の発達課題を成し遂げるのも困難になってしまうと、ステレオタイプに単純化すればそういった説明になるのである。それぞれの人生段階での課題は、歩行の仕方を学ぶといった身体的成熟から生ずるもの、読み・書き・計算といった学習や社会的に責任ある行動の仕方を学ぶといった社会から要請される社会的・文化的なものから生ずるもの、職業選択や社会的自立への準備、社会的・道徳的価値観形成といった個人の望ましい在り方や生き方を規定する過程で生ずるもの、と大別されるが、これらの3要素は多くの場合において緊密に関係し合い、個の成長・発達過程でどうしても越えなければならないハードルとなって立ちふさがるのである。

　学校教育にあって、教師が心身の変化が著しい子供たちを的確に理解し、各

段階における最適な指導・援助を行っていくためには、各段階における発達課題それぞれがもつ意味と顕在化される特徴を捉え、確実に達成できるように支援していくことが人格的成長に必要なのである。教師は学級活動等を中心とした特別活動の内容展開において、このような発達課題への理解や臨床心理学的な知見、教育学的な知見を十分に理解しつつ指導・援助にあたっていくことが何よりも大切なのである。

　なお、ハヴィガーストは、①乳幼児期（歩く、食べる、話す、排泄、性差的慎み、人間関係、善悪・良心の学習段階）、②児童期（日常の身体的技能、交友関係、社会的役割、基礎的学力の習得、良心・道徳性等の獲得、社会的適応学習段階）、③青年期（対人関係スキル習得、性差による社会的役割達成、情緒的独立、経済的自立、職業選択・結婚・家庭生活の準備、市民、社会人としての価値観・倫理観の獲得等）、④壮年期（職業生活、結婚、育児、家庭の心理的・経済的・社会的管理、社会的責任の遂行等）、⑤中年期（市民的・社会的責任達成、経済力維持、子供の教育、余暇の充実、配偶者等との信頼関係、心身的変化の受容、老父母の世話等）、⑥老年期（体力・健康の衰退、経済的減少、同年代との親密な関係性、社会的・市民的義務の遂行、老年生活への対応、死の受容と受入準備）と人生を6段階に区分した。

　それに対し、ドイツ生まれで米国を舞台に活躍した精神分析学者のエリクソン（E. H.Erikson, 1959年）は人生を8段階に区分し、それぞれに発達課題と心理社会的危機（psychosocial crisis）、重要な対人関係、心理社会的様式を設定した。エリクソンは、人生の発達段階をⅠ期：乳児期（基本的信頼 VS 不信）、Ⅱ期：児童前期（自律性 VS 恥、疑惑）、Ⅲ期：遊戯期（積極性 VS 罪悪感）、Ⅳ期：学齢期（勤勉 VS 劣等感）、Ⅴ期：青年期（同一性 VS 同一性拡散）、Ⅵ期：前成人期（親密さ VS 孤立)、Ⅶ期：成人期（生殖性 VS 自己没頭）、Ⅷ期：成熟期・老年期（統合性 VS 絶望）という対語的な表現で発達課題を説明した。

　この中で特に中学生や高校生を対象にした生徒指導で関係するⅤ期の「青年期」段階は、生理学的変化と社会的な葛藤とによる自己概念混乱の時期でもある。自分がどんな人間なのかという自我同一性（ego identity）を確立することが課題となる。ここでの自我同一性の確立に失敗すると役割混乱が起こって同

一性拡散（identity diffusion）という病理が生ずる。そうなれば、人格が統一されず、社会への適切な関与ができない状態を生じてしまう。この青年期に位置する子供たちが自我同一性（identity）の確立を目指して試行錯誤しながら、少しずつ自分の在り方や生き方、価値観、人生観、職業選択・決定し、少しずつ自分自身を社会の中に位置付けていく（社会化）のを生徒指導では指導・援助していくことがとても重要になってくる。

《発達課題の意義と特徴》
A．発達課題は自己と社会に対する健全な適応を促す不可欠な学習である。
B．発達課題は一定の発達段階の期間内で学習されなくてはならない。その後も存在し続ける課題ももちろんあるが、その意義は減少していく。
C．発達課題は、幼児期から老年期に至るまでの各成長段階にある。

発達と類似した用語として、成熟という言葉がある。その両者の違いは、身体的な成熟はある一定の段階に達するとピークを迎え、その後は退行するが、発達は一生涯にわたって継続される性質をもつものである。
ここまでを要約すれば、上記のような意義と特徴をもつ子供一人一人の発達課題を踏まえ、その機能概念としての生徒指導を学校教育における適切な位置付けとし、今を生きる子供たちを勘案しながら特別活動を展開していく視点が今日の学校教育では不可欠な視点なのである。

■第3章の参考文献

（1）　杉田洋編『小学校新学習指導要領の展開　特別活動編』　2017年　明治図書
（2）　藤田晃之編『中学校新学習指導要領の展開　特別活動編』　2017年　明治図書
（3）　田中博之『アクティブ・ラーニング実践の手引き』　2016年　教育開発研究所
（4）　田沼茂紀『アクティブ・ラーニングの授業展開　小・中学校道徳科』　2016年　東洋館出版社
（5）　国分康孝『カウンセリングの理論』　1980年　誠信書房
（6）　国分康孝『カウンセリング・ワークショップ』　1986年　誠信書房
（7）　A.H.マズロー『完全なる人間』　上田吉一訳　1979年　誠信書房
（8）　A.H.マズロー『人間性の心理学』　小口忠彦訳　1987年　産能大学出版部
（9）　平木典子『自己カウンセリングとアサーションのすすめ』　2000年　金子書房

（10）　C.R. ロジャーズ『パーソナリティ理論（ロージァズ全集8）』　伊東博編訳　1967年　岩崎学術出版
（11）　行動科学実践研究会『CRRATIVE O.D. Vol.4』　1984年　プレスタイム
（12）　A. アドラー『個人心理学講義』　岸見一郎訳　1996年　一光社
（13）　A. アドラー『子どもの教育』　岸見一郎訳　1998年　一光社
（14）　H. オーグラー『アドラー心理学入門』　西川好夫訳　1977年　清水弘文堂
（15）　R. ドライカース『アドラー心理学の基礎』　宮野栄訳　1996年　一光社
（16）　和辻哲郎『人間の学としての倫理学』　1934年　岩波文庫
（17）　田沼茂紀『心の教育と特別活動』　2013年　北樹出版
（18）　高旗正人・倉田侃司編『新しい特別活動指導論』　2004年　ミネルヴァ書房
（19）　広岡義之編『新しい特別活動』　2015年　ミネルヴァ書房
（20）　山口満編『新版　特別活動と人間形成』　2001年　学文社
（21）　伊藤良高・冨江英俊編『教育の理念と思想のフロンティア』　2017年　晃洋書房
（22）　文部科学省『生徒指導提要』　2010年　教育図書
（23）　藤澤文編『教職のための心理学』　2013年　ナカニシヤ出版
（24）　加澤恒雄『教育人間学的視座から見た特別活動と人間形成の視点』　2009年　大学教育出版
（25）　M.W. アップル『学校幻想とカリキュラム』　門倉正美他訳　1986年　日本エディタースクール出版部
（26）　J.J. ルソー『エミール』上巻　今野一雄訳　1962年　岩波文庫
（27）　小泉令三編『よくわかる生徒指導・キャリア教育』　2010年　ミネルヴァ書房
（28）　R.J. ハヴィガースト『人間の発達課題と教育』　荘司雅子監訳　1995年　玉川大学出版部
（29）　E.H. エリクソン『アイデンティティ』　岩瀬庸理訳　1973年　金沢文庫
（30）　E.H. エリクソン『ライフサイクル、その完結』　村瀬孝雄・近藤邦夫訳　1989年　みすず書房

第4章

特別活動成立の歴史とその変遷

1. 学校教育における特別活動の成立とその歴史

　今日の学校教育における特別活動は、各学校で編成する教育課程の多くの時間を占める教科教育指導だけでは補いきれない子供一人一人の人格形成に寄与する貴重な教育活動の時間として機能している。また、特別活動は子供たちの学校生活に変化と潤いを与え、豊かな人間関係づくりの基盤となる営みとして機能している。

　このような「特別活動」的教育活動は、太平洋戦争以前の戦前教育ではどのように位置付けられ、どのように実践されていたのであろうか。

　著者がかつて『再考―田島体験学校』（2002年　川崎教育文化研究所）を著した時、戦前のわが国における新教育運動拠点校の一つであった川崎市田島小学校での教育実践を詳細に調査したことがある。そこで感じたのは、戦後になって展開されるようになった特別活動の原型が全て網羅されていたという事実である。この田島体験学校の実験的取組みが実施されたのは大正12（1923）年～昭和8（1933）年くらいまでの10年間であったが、今日で言うところの学校行事の「①儀式的行事」、「②文化的行事」、「③健康安全・体育的行事」、「④遠足（小学校）旅行・集団宿泊的行事」、「⑤勤労生産・奉仕的行事」が全て網羅されていたのである。

　戦前の天皇制国家体制においては勅令主義が採られ、明治23（1890）年に教育の基本方針となるべく「教育ニ関スル勅語（いわゆる教育勅語で、315文字12の大切な教えとしての徳目で構成されていた）」が天皇から臣民に下賜され、それを頂点に小学校令といった諸法規で順次文部省から各学校へ下達、徹底されるようなシステムになっていた。

　例えば、今日で言うところの儀式的行事は入学式や卒業式は言うに及ばず、

天皇誕生日である天長節、国家の起源を祝う紀元節、皇后誕生日である地久節といった学校儀式に関する規定は「小学校令施行規則」に則ってのことであった。これらは、天皇の勅令として発布された教育勅語の翌年、明治24（1891）年に公布された「小学校祝日大祭日儀式規定」に従って「ご真影（天皇の写真）拝礼」、「万歳奉祝」、「教育勅語奉読」、「君が代斉唱」といった手順で厳格に実施された。

　また、今日でも学校の一大イベントである運動会は、明治7（1874）年に東京築地の海軍兵学校寮での「競闘遊戯会」が起源とされる。さらに、明治20年頃に当時の教員養成を担っていた各地の師範学校が始めた「行軍旅行」は、今日で言うところの修学旅行の起源とされている。他にも、明治40年代の児童成績品展覧会や学芸表彰会は学習発表会や作品展の起源と言われている。このように国家体制の意図や実施形態等は様々ではあるが、今日の学校行事の歴史は脈々と引き継がれてきたのである。

　また、今日で言う異年齢の同好の仲間が集まって主体的に活動展開するクラブ活動の起源は、明治前期の帝国大学や旧制高等学校で始まった弁論大会や演説会、討論会、文芸活動、運動競技部が校友会として設置されるようになったことが起源とされる。現在の中学校や高等学校、大学における「部活動」のルーツである。

川崎市宮前尋常小学校での運動会（昭和初期）

　他方、今日の児童会活動や生徒会活動の歴史も古く、おおよそは大正デモクラシーと呼ばれた時代の田島体験学校のような新教育運動に遡ることができる。

　ここで述べている田島体験学校について、少し補説しておきたい。大正12（1923）年11月、神奈川県橘樹郡田島町は神奈川県女子師範学校訓導であった山崎博を田島尋常高等小学校長として招聘した。その山崎の赴任と同時に開始されたのが、いわゆる田島体験学校である。

　田島体験学校教育の特色は、「よき日本人をよき個性の中に形成する」という「和魂洋才」を意図した日本主義的体験教育の実現にあった。そして、その方策として、子供の体験的生活を徹底させるために時間割の画一化を廃したり、学年と教材に応じた柔軟な学科目編成をしたりといった具体的な取組みを徹頭徹尾実践したのである。特に体験学校と呼ぶに値する取組みとしては、学科課程つまり、今日で言うところの教育課程編成での特色が3点挙げられる。

　まず1番目は、独自教科「生活科」の特設である。郷土文化を通して国民文化へと発展させることを意図した生活科では、川崎を中心とした自然や文化生活を教材としながら学年に応じたカリキュラムを課し、愛郷心の育成を図りつつ、それを基礎に愛国心へと涵養することを意図して実践された。この生活科は昭和3（1928）年より正式な学科課程として明確に位置付けられ、郷土科等と名称を変えながらも体験教育の柱として継続された。

　2番目の特色は、「作業科」の特設である。作業科の特設は、教科指導の改善というよりも、生活改善指導的な意味合いがあった。つまり、川崎は明治後期より臨海地帯に工場の進出が相次いでいた。よって、臨海部に近い田島町は労働者が多く、その家族は生産者というよりも消費者の立場であった。それも、地方出身者が多勢を占める川崎は、消費者という立場を超えて浪費的傾向を生じがちであった。その悪習を矯正するという家庭生活の問題点をも含めて改善することを意図し、労作を通じての主体的な自学を求めたのが作業科である。

　作業科は、その目的によって合同作業と分業に分けられる。合同作業は、教師と子供の共学協働を基本としたものであった。分業は、学校生活や社会生活

で必要とされる仕事を分担して行うものであり、学習、学用品購入、学校奉仕作業、学校衛生週間、神社境内清掃等々が内容とされていた。

作業科そのものは、内容的に以下のように3分類できる。

◎収得的作業・・・読書、観察、実験、実習、旅行、聴講等

◎表現的作業・・・創作、手工、図式化、報告、実演、発表、生産等

◎整理的作業・・・奉仕、整理、清掃等

その他に、作業園、作業室、実験室、学習室等における一般作業や動物飼育も含められていた。

3番目の特色は、公民的生活実習を意図した「自治会活動」である。これらの活動は教師の指導下で行われたが、校内のみならず、校外生活でも実施されたものであった。従って、田島体験学校に生活する子供は全て自治会員であり、その自治生活運営の組織構成は4年生以上の各学級より3名選出した役員を中心に行われていたのである。

この自治会活動も、当初は学級自治会のみでのスタートであった。そして、徐々に発展させて学校自治会を組織させるに至っている。さらには、異年齢集団のもつ教育作用に着目し、地域的に組織された校外自治会も実施された。このような経緯から、その基本母体は各学級自治会であり、各々に工夫や創意を盛り込んだ活動が展開されたのである。

ここまで述べたように、田島体験学校の特色を表すキーワードは、「生活科（郷土科）」、「作業科」、「自治会活動」であり、これらを軸に地域社会の生活と各教科学習内容とを関連付けて配列したカリキュラムによる教育活動が展開されたのである。そして、それらは常に子供の生活、遊戯、作業、個性、社会、郷土の6領域にわたる体験活動によって網羅されたのである。

ここまで述べた田島体験学校の取組みは、現在の特別活動や生活科、総合的な学習の時間等とかなりの部分で重なり合う。言わば、太平洋戦争以前の様々な教育実践が姿を変えて現在の特別活動に脈々と引き継がれているのである。

このような「大正デモクラシー」という社会的風潮を背景に子供の自主活動を尊重した音楽教育や芸術教育、全人教育等が学芸会等の形で展開されたのも新教育運動の成果ではあるが、国家主義的な画一教育を推し進めようとしてい

川崎市田島体験学校での学芸会（昭和初期）

た文部省や政府にとっては不都合な課外活動であった。

　課外活動とは、儀式、運動会、遠足、学芸会等々、現在で言うところの特別活動の各内容を総称する呼名であったのである。

2．戦後における特別活動の歴史的変遷

　日本の学校教育は、太平洋戦争を境に大きく転換した。国家に有為な皇民を育成する勅令主義の皇国教育から、日本国憲法や教育基本法といった法令に従って民主的に進められる法令主義へと転換したのである。このような民主主義教育の理念から戦前の課外活動を見直し、その教育的意義や教育的価値を再評価しながら目標や内容、指導原理等を試行錯誤して始められたのが戦後の特別活動である。特に、昭和22（1947）年4月からは新制中学校と新制高等学校がスタートしたこともあり、特別活動の重要性が増すこととなった。

表4-1　小・中学校学習指導要領「特別活動」の変遷

年次	小学校	中学校
昭和22年	○試案として示された学習指導要領では、「自由研究」と位置づけられ、第4学年以上に70〜140時間配当された。 ○内容は、教科の発展としての自由な学	○試案として示された学習指導要領では、「自由研究」と位置づけられ、各学年35〜140時間配当された。 ○内容は、教科の自由学習、クラブ組織

	習、クラブ組織活動、学級の当番や委員会。	活動、ホームルーム当番や委員会。
昭和26年改訂	○試案としての性格そのままの学習指導要領で、「教科以外の活動」とした。また、時数設定は、その必要に応じて定めることとなった。 ○内容は、全校単位の児童会、種々な委員会活動、児童集会、奉仕活動があり、学級単位として学級、いろいろな委員会、クラブ活動。	○試案としての性格そのままの学習指導要領で、「特別教育活動」となった。時数設定は、70〜175時間配当された。 ○内容は、ホームルーム、生徒会、クラブ活動、生徒集会であった。 ★高等学校も同様でホームルーム、生徒会、クラブ活動、生徒集会で、年35週3単位以上であった。
昭和33年改訂	○学習指導要領が法的拘束力をもち、名称も「特別教育活動」となった。授業は毎週適切に時数配当することとなっていた。 ○内容は、①児童活動ではA.児童会活動、B.学級会活動、C.クラブ活動、②学校行事では儀式、学芸的行事、保健体育的行事、遠足的行事および安全指導的行事。③学級活動では学校給食、保健指導、安全指導、学校図書館の利用指導その他学級を中心とし指導する教育活動を適宜行うとした。	○名称は「特別教育活動」のままであるが、学習指導要領に法的拘束力が伴うようになった。標準授業時数は、35時間。 ○内容は、A.生徒会活動（①学校生活の改善・福祉の向上、②生徒諸活動間の連絡調整）、B.クラブ活動（文化的活動、体育的活動、生産的活動等）、C.学級活動（①学級内諸問題の処理、②レクリエーション、③心身の健康保持、④進路選択等）。 ○別領域とされた学校行事の内容は、儀式、学芸的行事、遠足、保健体育的行事、修学旅行、学校給食、その他となった。
昭和43年（小）44年（中）45年（高）改訂	○名称が「特別活動」となり、特別教育活動、学校行事等の内容を人間形成の視点から精選した。週時数は適切に配当する。 ○内容は、①児童活動は児童会活動、学級活動、クラブ活動で構成され、②学校行事は儀式、学芸的行事、保健体育的行事、遠足的行事および安全指導的行事を行うものとし、③学級指導では学校給食、保健指導、安全指導、学校図書館の利用指導その他学級を中心として指導す	○44年改訂で名称が「特別活動」となり、特別教育活動、学校行事等の内容を人間形成の視点から精選した。標準時数は50時間配当。 ○内容は、A.生徒活動（生徒会活動、クラブ活動、学級会活動）、B.学級指導（個人的適応、集団生活への適応、学業生活、進路選択、健康・安全）、C.学校行事（儀式的行事、学芸的行事、体育的行事、修学旅行的行事、健康・安全的行事、勤労生産的行事）。

	る教育活動を適宜行うとした。	★高等学校改訂は昭和45年で、「各教科以外の教育活動」と称され、第1「ホームルーム」、第2「生徒会活動」、第3「クラブ活動」、第4「学校行事」で構成。単位数は第1、第3の内容に1単位以上配当。
昭和52年改訂	○「目標」を全体として一つに設定し、高学年70時間と明記。 ○内容を A.児童活動（学級会活動、児童会活動、クラブ活動）、B.学校行事（儀式的行事、学芸的行事、体育的行事、遠足・旅行的行事、保健・安全的行事、勤労・生産の行事）、C.学級活動とした。	○改訂では小学校同様に、「自主的・実践的態度を育てる」ことを強調した。標準時数は70時間。 ○内容は、A.生徒活動（学級会活動、生徒会活動、クラブ活動）、B.学校行事（儀式的行事、学芸的行事、体育的行事、遠足・旅行的行事、保健・安全的行事、勤労・生産的行事）、C.学級指導（個人・集団の一員としての在り方、学業生活の充実、進路選択、健康・安全）とした。 ★高等学校は昭和53年に改訂されたが、その内容は A.ホームルーム、B.生徒会活動、C.クラブ活動、D.学校行事で構成された。単位数は A と C の内容に1単位以上配当。
平成元年改訂	○新たに「学級活動」が設けられた。時数は70時間。 ○内容を A.学級活動（学級・学校生活の充実と向上、日常生活や学習への適応・健康や安全に関すること）、B.児童会活動、C.クラブ活動、D.学校行事（儀式的行事、学芸的行事、健康安全・体育的行事、遠足・集団宿泊の行事、勤労生産・奉仕の行事）とした。	○新たに「学級活動」が設けられた。時数は35〜70時間。 ○内容を A.学級活動（学級・学校生活の充実と向上、個人・社会の一員としての在り方、学業生活の充実・健康や安全、将来の生き方・進路）、B.生徒会活動、C.クラブ活動、D.学校行事（儀式的行事、学芸的行事、健康安全・体育的行事、旅行・集団宿泊の行事、勤労生産・奉仕的行事）とした。 ★高等学校ではその内容が、A.ホームルーム活動、B.生徒会活動、C.クラブ活動、D.学校行事で構成され、ホーム

		ルームとクラブに2単位以上を配当することとした。
平成10年改訂（高）は11年に改訂	○目標、内容、全体の構成には変化がないが、授業時数は35時間に削減された。クラブ活動については、児童会活動や学校行事と同様に適切な時間を充てるとされた。○内容はA.学級活動（学級・学校生活の充実と向上、日常生活や学習への適応・健康や安全に関すること）、B.児童会活動、C.クラブ活動、D.学校行事（儀式的行事、学芸的行事、健康安全・体育的行事、遠足・集団宿泊的行事、勤労生産・奉仕的行事）。	○授業時数が35時間に削減された。○中学校、高等学校のクラブ活動が廃止された。○内容はA.学級活動（学級・学校生活の充実と向上、個人・社会の一員としての在り方・健康や安全、学業生活の充実・将来の生き方・進路）、B.生徒会活動、C.学校行事（儀式的行事、学芸的行事、健康安全・体育的行事、旅行・集団宿泊的行事、勤労生産・奉仕的行事）とした。★高等学校ではその内容が、A.ホームルーム活動、B.生徒会活動、C.学校行事で構成され、ホームルームについては毎週1時間年間35時間1単位を配当することとした。
平成15年一部改訂	◆15年の一部改訂は歯止め規定の撤廃、時数確保、個に応じた指導等の強調等で特別活動の内容に関しての変更はない。	◆15年一部改訂については同左。
平成20年改訂	○目標に「人間関係」、「自己の生き方についての考えを深め」が追加され、全体計画を受けて各内容の目標が新設された。○各活動（学級活動（1）で「生活」重視、発達段階毎の内容等）・学校行事の内容が改善された。○指導計画（全体計画と年間指導計画、道徳的実践指導充実等）改善、内容の取扱いが改善。	○目標に「人間関係」が追加されると共に、全体計画を受けて各内容の目標が新設された。○各活動・学校行事の改善として各活動の内容項目が示された。○指導計画作成（全体計画と年間指導計画作成、中学校生活への適応と充実、道徳的実践指導の充実）についての改善が示された。○内容の取扱いについての改善。
平成29年改訂（高）は30年改訂	○目標が「人間関係形成」、「社会参画」、「自己実現」の3つの視点を踏まえ、育成すべき資質・能力が示された。学級活動は新たな内容（3）「キャリア形成と自己実現」が追加された。また、キャリア・パスポートという活動の蓄積が示された。	○目標が「人間関係形成」、「社会参画」、「自己実現」の3つの視点を踏まえ、育成すべき資質・能力が示された。年間授業時数は小学校同様に35時間で変更なし。○キャリア形成の視点からポートフォリオ評価として、キャリア・パスポートの

○児童会活動に「異年齢交流」が明記された。 ○健康安全・体育的行事に「身を守る」行動が追加された。	活用が示された。 ○生徒会活動では、ボランティア等の社会参画が明記された。 ○健康安全・体育的行事に「身を守る」行動が追加された。

3．現代における特別活動が重視すべき事柄

（1）「主体的・対話的で深い学び」を創る

　昭和22（1947）年に学習指導要領試案が示されてから、学力低下批判に対応するための平成15（2003）年一部改訂を除けば、平成29年3月（高等学校は30年3月）で8度目の改訂となった。ただ、教育活動としての特別活動の基本的方針や指導上の方法論を巡る変更等はなされていない。

　つまり、特別活動を充実展開することで小・中学校学習指導要領第1章総則第1「小学校（中学校）教育の基本と教育課程の役割」で明確に述べられているように、「児童（生徒）に生きる力を育むこと」そのものである。そのためには各学校が創意工夫を生かした特色ある教育活動を展開する中で、「知識・技能」、「思考力・判断力・表現力等」、「学びに向かう力・人間性」等の資質・能力を確実に培っていくことが求められるのである。この資質・能力の育成に際しては子供の発達の段階を考慮し、言語能力、情報活用能力（情報モラルも含む）、問題発見・解決能力等、学習の基盤となる基礎力や態度を身に付けさせていくことが重要である。

　アクティブ・ラーニングという呼称で各学校の授業改革がこれまで進められてきたが、子供が学習の対象となる事物を的確に捉える視点や考え方を多様に拡げることを目的とした教育の在り方、つまり、子供が自らの「見方・考え方」を拡げていけるような未来志向的な「主体的・対話的で深い学び」を特別活動でも実現していかなければならないのである。むしろ、特別活動だからこそできる教育改革・授業改革の方が多いに違いない。「主体的・対話的で深い学び」こそが、これからの特別活動を充実・発展させる切り札にならなくてはいけないのである。

　このような特別活動を実現するためには、古来より指摘される心と身体の調和的な発達、つまり「心身一如」という前提がなければ成立し得ないものである。諺にもある通り、「馬を川辺につれていくことはできるが、水を飲ますことはできない」のである。子供に周囲の大人たちが無理矢理に「主体的・対話的で深い学び」をさせようとし、「知識・技能」、「思考力・判断力・表現力等」、「学びに向かう力・人間性」等の資質・能力を高めようとしても、それは結果的に徒労に終わるのである。そこには、いくら環境を整えても子供の心が動き、子供がその気にならなければ学習は成立しないという、あまりにも当たり前の教育原理が立ちはだかるのである。子供の調和的な人格形成を学校の教育活動で目指す時、そこには知性と感性の調和的融合が不可欠なのである。

（2）「生きる力」育成のプロセスを丁寧に辿る

　社会的存在として生きる子供たちにどのような未来志向的な資質・能力を身に付けさせていくのかという、その教育的営みのスタートラインにおけるコンセプトが定まっていなければ、その後の教育成果は期待できないのは言うまでもない。

　人間は常に変化し、成長する存在である。時間の流れの中で絶えず身体を働かせ、頭脳を働かせ、心を働かせて移り動いていくのが人間なのである。この際、個の内的変化に着目するところから人格教育は開始され、そこから感性に

図4-1 「生きる力」の基本構造

裏打ちされた揺るぎない自己肯定感に基づく確かな学びが創造できるのである。

　図4-1の主体は言うまでもなく子供である。子供自身が学校教育の様々な機会を通じて一歩ずつ自立（independence）し、自らを他律（heteronomy）から自律（autonomy）へと変容させていくことで人格的成長は促進されるが、それを支え、後押しするのは誰であろうか。それは紛れもない教師である。

　ドイツの教育学者ヘルバルト（J.F.Herbart）が『一般教育学』（1806年）で唱えたように、教師が教育的愛情と教育学的なものの考え方としての教育学的心術、子供への適切な応答力としての教育的タクトを有するなら、子供が自ら考え、判断し、行動しながら逞しく生きる力は着実に育ってくる。教師が一人一人を信頼し、その主体性を大切にするなら、子供はそれに応えて自分も、そして共に生きる他者をも大切にする心根が育ってくる。教師が個の内にあってその身体や精神を支えている魂を揺さぶるなら、子供は切実な思いをもって学ぶ力を発揮させる。教師が自己研鑽する後ろ姿を見せるなら、その背中から子供は自分の誠実な人生の歩み方を自覚してくる。教師がかかわるかけがえのない保護者や地域の人々と支え励まし合って子供の成長のために尽くすなら、子供はそこから社会的存在として他者と共により善く生きることの大切さを学んでいく。やはり、子供が知性と感性の調和的融合によって健やかな人格的成長を遂げていくためには、教師の支え導く「教師力」が不可欠なのである。このような教師力の存在は、古代ギリシャで「問答法」によって知を知らしめたソクラテスの時代から続く教育の「不易」でもある。

　言うならば教師力は、子供の内面的成長への内発的動機付けとなる自己評価に大きな影響を及ぼす。つまり、子供自身が「自分は一人の大切な存在だ」とか「自分はかけがえのない存在だ」と思える心の状態、つまり自尊感情（self-esteem）、自己効力感（self-efficacy）といった言葉で表現される自己肯定感の涵養につながってくるのである。前回学習指導要領改定時の平成20（2008）年1月に示された中央教育審議会答申「幼稚園、小学校、中学校、高等学校及び特別支援学校の学習指導要領等の改善について」でも、自分に自信が持てず、学習や自分の将来設計に無気力であったり、不安を感じたりするだけでなく、

図4-2　学習意欲の発現プロセス

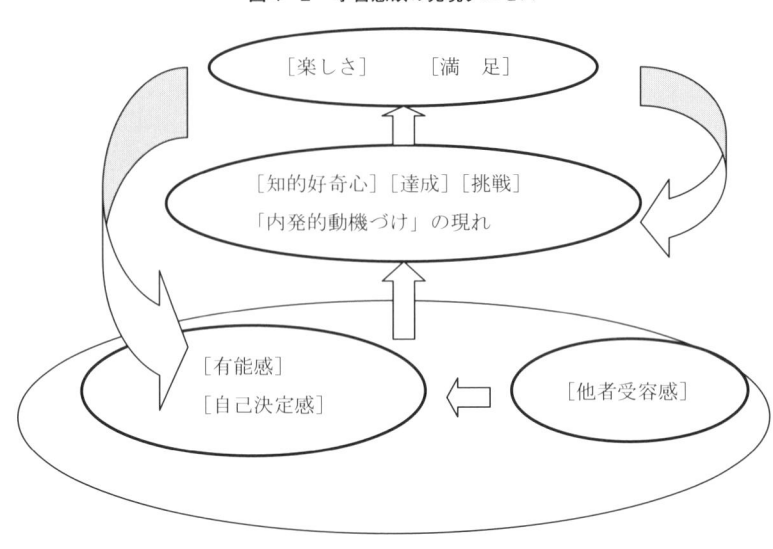

（桜井茂男『学習意欲の心理学』　1997年　誠信書房　p.19を基に作成）

友だちや周囲の人々との人間関係構築の困難さに悩む子供の増加が指摘されている。果たして、10年を経た今、状況は改善されているのであろうか。

　内発的動機付け理論で知られる米国の心理学者デシ（E.L.Deci, 1975年）は、個が物事に取り組む意欲としての内発的動機付けの要因として、①有能感、②自己決定感、③他者受容感、という3点を挙げている。そして、それらが有効に機能するためには図のようなプロセスを辿ると桜井茂男（1997年）は指摘する。

　人間は本来、外的な働きかけで思考・判断したり、行動したりする存在ではない。自分の心が動き、それが実現したい、達成したいという内面から突き上げられる欲求によって具体的な行動へと誘導されるのである。やはり、そのために必要なことを思考・判断するという認知的側面、それを具現化したいという欲求動機を可能にする表現力や実践スキルに支えられた行動的側面が機能するためには、やはりその前提としての感性に裏打ちされた情動、つまり心が働くという情意的側面の働きがなければならないのである。

図 4-3　「心育て・心学び」の構造

ここまで述べてきたように、特別活動はただ「子供が積極的に活動しているからそれでよし」とはならない。そこでの子供一人一人の心持ち、つまり、子供一人一人が自らの内面で①有能感、②自己決定感、③他者受容感としての「心育て」、未来志向的な生き方・態度としての「心学び」を切実な実感として感じ取っているかどうかが問われるのである。

特別活動では、認知的側面、行動的側面、情意的側面が個の内面で調和的に統合され、心身一如のバランス感ある「生きる力」となって機能すると考えるのが妥当であり、理想追求すべきである。これは、デューイが唱えた経験主義教育とも符合するものである。

デューイの経験主義に基づく教育思想は、道具主義、実験主義とも称される。その由来は「経験の拡大」という点に集約されるからである。「なすことによって学ぶ（Learning by Doing）」という名言によって体現されている。

デューイは、人間が様々な活動によって得る「経験」の発展性に着目した。人間は、何かをする時に道具を使う。そして、その結果を踏まえて道具も徐々に扱いやすいように改良する。それは、知性も同様である。例えば、人は自分の知性を活用して導き出した結果によって、その都度修正を加えなければならない。つまり、知性は具体的（実験的）に経験することで、その都度新たなものへと修正されるのである。こういった経験に基づいた知性が活用され、行動

に適切に反映されるところに人間の自由と進歩の道筋を見いだしたのである。このような人間の主体性に基づく自由と知性によって導かれる行動の自由とを確保することで、他者への寛容さや配慮、思考の柔軟さといったいわゆる個の情意的側面の発達をも促し、それらが教育活動の進展によって社会の調和と発展のための協同が実現するとデューイは唱えたのである。つまり心身一如の特別活動は、「なすこと」という子供の主体性から開始される性質のものである。

■第4章の参考文献

（1）　山口満編『特別活動と人間形成』　1990年　学文社
（2）　笈川達男監修『新編　特別活動の理論と実践』　2000年　実教出版
（3）　小久保明浩・高橋陽一編『特別活動論』　2002年　武蔵野美術大学出版局
（4）　高旗正人・倉田侃司編『新しい特別活動指導論』　2004年　ミネルヴァ書房
（5）　北村文夫編『特別活動』　2011年　玉川大学出版部
（6）　広岡義之編『新しい特別活動』　2015年　ミネルヴァ書房
（7）　田沼茂紀『再考―田島体験学校』　2002年　川崎教育文化研究所
（8）　田沼茂紀『心の教育と特別活動』　2013年　北樹出版
（9）　伊東博『心身一如のニュー・カウンセリング』　1999年　誠信書房
（10）　杉田洋編『小学校　新学習指導要領の展開　特別活動編』　2017年　明治図書
（11）　藤田晃之編『中学校　新学習指導要領の展開　特別活動編』　2017年　明治図書
（12）　J.F. ヘルバルト『一般教育学』　三枝孝弘訳　1960年　明治図書
（13）　E. デュルケーム『教育と社会学』　佐々木交賢訳　1976年　誠信書房
（14）　J. デューイ『経験と教育』　市村尚久訳　2004年　講談社学術文庫
（15）　E.L. デシ & R. フラスト『人を伸ばす力』　桜井茂男訳　1999年　新曜社
（16）　桜井茂男『学習意欲の心理学』　1997年　誠信書房

第 5 章

特別活動の各内容の具体的な実践方法

1．学級活動の目標とその内容

（1）学級活動の目標

〔1〕　学級活動の目的

　特別活動における学級活動とは、文字通り子供たちが学校生活を送る上での基礎的な生活の場である学級を単位にして展開される教育活動である。その意味では、子供たちが朝登校してきてから下校するまでに体験する学校生活の基盤として作用する学級を前提に、集団への適応、集団内での生活態度、集団の中での他者とのかかわり方、集団生活の充実・向上等を目指して展開される自己実現に向けた基礎的集団活動でもある。

《学級活動の特質とその目的》

A．実践的な集団活動を介することそのものが手段であり目的

　学級活動は学級を単位に具体的な活動が展開されるが、そこで子供たちは集団の中の一員としての立ち居振る舞いや、合意形成の仕方、協同して物事をやり遂げることの体験的実感や達成感、充実感を味わうのである。つまり、具体的な集団としての実践活動そのものが学びの場として機能するのである。

B．集団活動であると同時に、個々の子供の自己実現活動

　学級活動は具体的な集団的実践活動であるだけに、そこで求められる知識や技能等は学校の教育活動全体を通じて身に付けられたものをフル活用して事にあたることとなる。その点では、全我的なかかわりを通した様々な感情体験も含めた体験活動を展開することでもある。成功体験もあれば、対極には失敗体験も当然予想されることである。充実感を存分に味わう体験もあれば、屈辱感に苛まれる体験もあろう。さらには、特別活動で最も重視したい自己実現体験

やそれに伴う挫折体験等々は、子供の人格的成長の糧となることは言を俟たない。

C. 子供の心身の調和的発達を促す実践活動

　特別活動そのものにもかかわるが、学級活動の内容は、心身の健康や安全、豊かな情操や確かな意志力の育み、望ましい人間関係構築力や自主的・実践的態度等々の総合的な心身の発達を促す教育活動である。それは集団活動という形態をとるが、集団活動を介した個の学びの支援であることが肝要である。

　このような学級を前提基盤とする学級活動では、子供たちが集団生活をしていく中で抱える諸問題に対し、自分たちで自主的に問題と向き合い、よりよい解決を図ろうとするところにその教育的主眼が置かれる。そして、それらの活動を通して、子供一人一人が学校生活の基礎集団となる学級に適応し、その集団内で望ましい人間関係を構築しながら、より充実した集団生活となるよう向上を目指して取り組んでいくところに教育的意味を見いだせるのである。

　また、学級活動の目標にも述べられている通り、その教育活動を通じて子供たちに育てたい資質・能力とは、学級生活で生ずる様々な諸問題へ主体的にかかわるという社会参画、他者と協力して自ら解決していこうとする「自主的、実践的な態度」の形成である。自らを生かしつつ、共に生きる他者と考え話し合い、協力して諸問題を解決しようとする自己実現の態度は、人間形成としての自らの生き方についての自覚を深め、自己を生かす能力を内面に育むことそのものである。

表5-1　学習指導要領における小・中学校学級活動の内容

小　学　校	中　学　校
［目標］ 学級や学校での生活をよりよくするための課題を見いだし、解決するために話し合い、合意形成し、役割を分担して協力して実践したり、学級での話合いを生かして自己の課題の解決及び将来の生き方を描くために意思決定して実践したりすることに、	［目標］ 学級や学校での生活をよりよくするための課題を見いだし、解決するために話し合い、合意形成し、役割を分担して協力して実践したり、学級での話合いを生かして自己の課題の解決及び将来の生き方を描くために意思決定して実践したりすることに、

自主的、実践的に取り組むことを通して、第1の目標に掲げる資質・能力を育成することを目指す。

［内容］

（１）　学級や学校における生活づくりへの参画

ア　学級や学校における生活上の諸問題の解決

　　学級や学校における生活をよりよくするための課題を見いだし、解決するために話し合い、合意形成を図り、実践すること。

イ　学級内の組織づくりや役割の自覚

　　学級生活の充実や向上のため、児童が主体的に組織をつくり、役割を自覚しながら仕事を分担して、協力し合い実践すること。

ウ　学校における多様な集団の生活の向上

　　児童会など学級の枠を超えた多様な集団における活動や学校行事を通して学校生活の向上を図るため、学級としての提案や取組を話し合って決めること。

（２）　日常の生活や学習への適応と自己の成長及び健康安全

ア　基本的な生活習慣の形成

　　身の回りの整理や挨拶などの基本的な生活習慣を身に付け、節度ある生活にすること。

イ　よりよい人間関係の形成

　　学級や学校の生活において互いのよさを見付け、違いを尊重し合い、仲よくしたり信頼し合ったりして生活すること。

ウ　心身ともに健康で安全な生活態度の形成

　　現在及び生涯にわたって心身の健康を

自主的、実践的に取り組むことを通して、第1の目標に掲げる資質・能力を育成することを目指す。

［内容］

（１）　学級や学校における生活づくりへの参画

ア　学級や学校における生活上の諸問題の解決

　　学級や学校における生活をよりよくするための課題を見いだし、解決するために話し合い、合意形成を図り、実践すること。

イ　学級内の組織づくりや役割の自覚

　　学級生活の充実や向上のため、生徒が主体的に組織をつくり、役割を自覚しながら仕事を分担して、協力し合い実践すること。

ウ　学校における多様な集団の生活の向上

　　生徒会など学級の枠を超えた多様な集団における活動や学校行事を通して学校生活の向上を図るため、学級としての提案や取組を話し合って決めること。

（２）　日常の生活や学習への適応と自己の成長及び健康安全

ア　自他の個性の理解と尊重

　　よりよい人間関係の形成、自他の個性を理解して尊重し、互いのよさや可能性を発揮しながらよりよい集団生活をつくること。

イ　男女相互の理解と協力

　　男女相互について理解するとともに、共に協力し尊重し合い、充実した生活づくりに参画すること。

ウ　思春期の不安や悩みの解決、性的な発達への対応

保持増進することや、事件や事故、災害等から身を守り安全に行動すること。

エ　食育の観点を踏まえた学校給食と望ましい食習慣の形成

　給食の時間を中心としながら、健康によい食事のとり方など、望ましい食習慣の形成を図るとともに、食事を通して人間関係をよりよくすること。

（3）　一人一人のキャリア形成と自己実現

ア　現在や将来に希望や目標をもって生きる意欲や態度の形成

　学級や学校での生活づくりに主体的にかかわり、自己を生かそうとするとともに、希望や目標をもち、その実現に向けて日常の生活をよりよくしようとすること。

イ　社会参画意識の醸成や働くことの意義の理解

　清掃などの当番活動や係活動等の自己の役割を自覚して協働することの意義を理解し、社会の一員として役割を果たすために必要となることについて主体的に考えて行動すること。

ウ　主体的な学習態度の形成と学校図書館等の活用

　学ぶことの意義や現在及び将来の学習と自己実現とのつながりを考えたり自主的に学習する場としての学校図書館等を活用したりしながら、学習の見通しを立て、振り返ること。

心や体に関する正しい理解を基に、適切な行動をとり、悩みや不安に向き合い乗り越えようとすること。

エ　心身ともに健康で安全な生活態度や習慣の形成

　節度ある生活を送るなど現在及び生涯にわたって心身の健康を保持増進することや、事件や事故、災害等から身を守り安全に行動すること。

オ　食育の観点を踏まえた学校給食と望ましい食習慣の形成

　給食の時間を中心としながら、成長や健康管理を意識するなど、望ましい食習慣の形成を図るとともに、食事を通して人間関係をよりよくすること。

（3）　一人一人のキャリア形成と自己実現

ア　社会生活、職業生活との接続を踏まえた主体的な学習態度の形成と学校図書館等の活用

　現在及び将来の学習と自己実現とのつながりを考えたり、自主的に学習する場としての学校図書館等を活用したりしながら、学ぶことと働くことの意義を意識して学習の見通しを立て、振り返ること。

イ　社会参画意識の醸成や勤労観・職業観の形成

　社会の一員としての自覚や責任を持ち、社会生活を営む上で必要なマナーやルール、働くことや社会に貢献することについて考えて行動すること。

ウ　主体的な進路の選択と将来設計

　目標をもって、生き方や進路に関する適切な情報を収集・整理し、自己の個性や興味・関心と照らして考えること。

表5-2　学級活動の内容の取扱い

小　学　校	中　学　校
〔第1学年及び第2学年〕 　話合いの進め方に沿って、自分の意見を発表したり、他者の意見をよく聞いたりして、合意形成して実践することのよさを理解すること。基本的な生活習慣や、約束やきまりを守ることの大切さを理解して行動し、生活をよくするための目標を決めて実行すること。 〔第3学年及び第4学年〕 　理由を明確にして考えを伝えたり、自分と異なる意見も受け入れたりしながら、集団としての目標や活動内容について合意形成を図り、実践すること。自分のよさや役割を自覚し、よく考えて行動するなど節度ある生活を送ること。 〔第5学年及び第6学年〕 　相手の思いを受け止めて聞いたり、相手の立場や考え方を理解したりして多様な意見のよさを積極的に生かして合意形成を図り、実践すること。高い目標をもって粘り強く努力し、自他のよさを伸ばし合うようにすること。 （1）　2の（3）の指導に当たっては、学校、家庭及び地域における学習や生活の見通しを立て、学んだことを振り返りながら、新たな学習や生活への意欲につなげたり、将来の生き方を考えたりする活動を行うこと。その際、児童が活動を記録し蓄積する教材等を活用すること。	（1）　2の（1）の指導に当たっては、集団としての意見をまとめる話合い活動など小学校からの積み重ねや経験を生かし、それらを発展させることができるよう工夫すること。 （2）　2の（3）の指導に当たっては、学校、家庭及び地域における学習や生活の見通しを立て、学んだことを振り返りながら、新たな学習や生活への意欲につなげたり、将来の生き方を考えたりする活動を行うこと。その際、生徒が活動を記録し蓄積する教材等を活用すること。

〔2〕　学級活動で進める一人一人の自己実現としてのキャリア教育

　学級活動で取り上げる内容には、キャリア教育に重なる内容が多く含まれる。

　キャリア教育についての定義は中央教育審議会答申（1999年）の「学校教育と職業生活の円滑な接続を図るため、望ましい職業観・勤労観及び職業に関する知識や技術を身に付けさせるとともに、自己の個性を理解し、主体的に進路を選択する能力・態度を育てる教育」や、『キャリア教育の推進に関する総合的調査研究協力者会議報告書』（2004年）の「児童生徒一人一人のキャリア発達を支援し、それぞれにふさわしいキャリアを形成していくために必要な意欲・態度や能力を育てる教育」といった定義内容がよく知られたところである。

　キャリア教育というと、個人という側面よりも社会的要請という側面の方が強調される傾向があることも否定できないところである。しかし、キャリア教育で重視したいのは、個人の過去と現在、未来を時系列的に意味付ける機能的側面であろう。学校での様々な教育活動、特別活動等で取り扱うキャリア教育に関する学びは、子供自身のこれまでの学びの履歴を意味付けたり、現在学んでいる事柄と未来の自分とで意味付けたりといった個々の人生における学びの意味を付与する機能があるのである。キャリア教育で目指すキャリア発達にかかわる諸能力（「社会人基礎力：経済産業省定義」、「就職基礎能力：厚生労働省定義」）は4領域8能力に分類される。

　A．人間関係形成能力（自他の理解力、コミュニケーション能力）
　B．情報活用能力（情報収集・探査能力、職業理解能力）
　C．将来設計能力（役割把握・認識能力）
　D．意思決定能力（選択能力、課題解決能力）

　これらキャリア発達にかかわる諸能力育成プロセスにおいて、特別活動、とりわけ学級活動が果たす役割の大きさを踏まえた指導をする必要があることを十分に理解して指導に臨むことが大切である。

（2）学級活動の実践化方策

〔1〕 話合い活動「学級活動（1）」

■内容（1）学級や学校の「生活づくり」における話合い活動

　協力してよりよい生活をつくるために集団として実践するための目標や方法、内容等を決める。その前提は、「集団討議による集団目標の集団決定」である。

［小学校3学年での学級活動（1）話合い活動例］

◆題材名：なかよし集会をしよう

　＊実施時期は、学級編成替えが行われて間もない新学期。

◆ねらい：なかよし集会について話し合い、仲良く協力し合って実践することで学級生活の向上を図る。

◆活動の流れ

［事前の指導］

　＊教師の適切な指導の下に以下のような活動を展開する。

ア．議題の発見（学級づくりにかかわる問題を見付けて提案し、議題とする）

イ．議題の決定（みんなで達成すべき問題を確認し、問題意識を共有し合う）

ウ．計画の作成（話合いの柱や順番、役割分担等の活動計画を作成する）

　＊子供側は自分たちの活動計画となり、教師側は指導計画となる。

エ．問題の意識化（議題について考えたり、情報収集したりと問題意識をもつ）

　＊これまでの経験を振り返ったり、上級生に助言を求めたりと事前調査する。

［本時の活動（話合い活動）］

■議題名：なかよし集会をしよう

■話合いのめあて：みんなが仲良くなれるようなかよし集会の内容を決めよう。

■話し合うこと

ア．みんなが仲良くなれるような集会内容とそのやり方を決めよう。

　・仲良くなるための簡単で楽しいゲーム、みんなが楽しめるプログラム etc.

イ．なかよし集会を楽しくするために係を決めよう。

　　・進行がかり、音楽がかり、ゲームがかり、プログラムがかり、etc.

ウ．当日に向けての準備日程を決めよう。

　　＊学級全員で仕事を分担し合い、協力して準備を進めるようにする。

■評価基準：よりよい学級の生活づくりに向けて考え、判断し、まとめようと
　　　　　　話合っている（思考力・判断力・実践的表現力等）。

■学級会での話合いの進め方

　　ア．はじめの言葉

　　イ．クラスの歌（クラスの歌を歌う）

　　ウ．議長団（司会、記録等）の紹介と議題の確認

　　エ．提案理由の確認

　　オ．決まっていることの確認

　　カ．話合い

　　　話合い①：どんなことをするのか決めよう

　　　話合い②：もっと仲良くなるための工夫を決めよう

　　　話合い③：集会を成功させるための係を決めよう

　　キ．決まったことの発表

　　ク．先生からのお話

　　ケ．おわりの言葉

［事後の活動］

ア．協力して「なかよし集会」を実践（話し合って決まったことに基づいて、係
　　毎に協力し合って準備する）

イ．活動の振り返り（「なかよし集会」実践後、振り返りカードに自己評価・相互
　　評価を記入する）

ウ．振り返りを広める（帰りの会での発表、振り返り評価の掲示等）

エ．次の活動へ生かす（肯定的相互評価による次の活動の意欲付け）

［中学校2学年での学級活動（1）話合い活動展開例］

■題材名：係活動を見直そう

■本時のねらい：

　◎係活動の意義や目的を全員で再確認することができる。

◎係活動停滞の原因から改善策を決定することができる。

■本時の展開

活動過程	活動の内容	留意事項
はじめ	○開会の言葉 ○議長の進め方説明 ○提案理由の説明	活動計画 説明短冊
中心活動	○各係の活動状況発表と問題点の把握 ○停滞要因の究明と解決策についての話合い ○各係で決定した解決策の発表	アンケート結果資料 要因まとめ用模造紙 決定事項記入短冊
まとめ	○決定事項の確認とまとめ ○感想発表、先生の話 ○閉会の言葉	全員で決定事項を確認 自己評価シート

■事後活動

◎各係の活動方針、活動状況報告（朝の会、帰りの会等で）

［学級活動（1）話合い活動の年間議題例］

　　　　［小学校低学年］　　　　　　　　［中学校1学年］

●かかりをきめよう　　　　　　　●学級目標をつくろう

●きらきら集会をしよう　　　　　●学級の組織をつくろう

●クラスのはたをつくろう　　　　●夢のある学級掲示をつくろう

●教育実習の先生を迎えよう　　　●組の学習環境を整えよう

●かかり活動を楽しくしよう　　　●遠足を成功させよう

●めざせ、運動会大せいこう　　　●係活動を活性化しよう

●すてきなあいさつ大さくせん　　●給食時間の充実について考えよう

●ハロウィンを楽しもう　　　　　●合唱祭必勝法を考えよう

●ミニコンサートに参加しよう　　●学級の十大ニュースを決めよう

●クラスのお別れ会をしよう　　　●卒業生への感謝の気持ちを表そう

［話合い活動の段階的指導と子供の具体例］

【小学校低学年】

◎教師と一緒に司会をすることができる。教師の助言を受けて司会することができる。

◎一人一人が、自分の思っている考えをみんなの前で話せる。

◎相手の意見を聞いて、それに関連付けて話せる。

【小学校中学年】

◎教師の助言を受けながら計画（運営）委員会を機能させ、時間配分や発言機会の公平さを考えながら自分たちで司会できる。

◎自分の考えを要領よく、まとめて分かりやすく話せる。

◎互いの発言を比べながらよく聴き、よりよい結論を求められる。

【小学校高学年】

◎計画（運営）委員会で話合いの計画を立案し、議題内容をよく理解し、見通しをもった話合いができる。

◎他の意見との共通点や相違点を比較しながら話合いを深めることができる。

◎自分と他者との意見を比較しながら、より望ましい結論を得ることができる。

【中学校】

◎学校生活上の問題点を議題として吸い上げ、その解決に向けての手順を計画立案し、共通理解の下での話合いができる。

◎互いの考え方を尊重しつつ、根拠をもって解決に向けた話合いが要領よくできる。

◎話合いによって得た決定事項を互いに尊重し、実践することができる。

〔2〕 係活動

　係活動は、学級生活を豊かにするために学級内の仕事を分担処理することを目的に子供自身が必要な係組織を話し合って作り、自主的に進める活動である。係活動と似たような活動としては当番活動もあるが、相違点は以下のような内容である。

《係活動と当番活動の相違点》

［係活動］	［当番活動］
○学級生活を豊かにする活動	△学級生活の維持・管理活動
○子供の自主的な分担処理活動	△教師の指導による分担処理活動
○子供の創意工夫による活動	△全員の役割分担としての活動
○係内容に多様性が伴う活動	△どの学級でも必然性が伴う活動
○自己選択による所属活動	△均等な割当てによる必然的活動
（生き物係、レク係、図書係等）	（日直、清掃当番、給食当番等）

《係活動組織編成の手順》

◎係活動の目的共通理解（生活向上、創意工夫の場、自主性・協力性涵養）

　　　↓

◎係の設定（多様で主体性に富む活動が可能、少人数での責任活動可能）

　　　↓

◎係人数設定と所属決定（活動内容と必要人数、所属希望状況等の確認）

　　　↓＊希望者が多い係は、新聞係Ａと新聞係Ｂという分属も可能。

◎活動計画案の立案（係内組織づくり、活動のめあて、活動内容等）

　係活動の前提は、日々の具体性が伴うということである。具体性や必然性がなければ活動は停滞するし、活動時間や活動の場がなければやはり同様である。また、活動に対する学級内での承認や賞賛の場がなければ、活動のめあて達成意欲が減退してしまうこととなる。さらに、子供自身の主体的な活動であることから定期的かつ継続的活動の振り返りの場を設け、自覚化を促すことも係活動活性化という点で重要なことである。

〔3〕　集会活動

　学級活動における集会活動は、学級生活に変化をもたらし、充実させるために学級の子供たちが全員参加して行う活動である。その内容は誕生日会、お楽しみゲーム会、スポーツ集会、係活動発表会、季節の行事集会等々、実に多様である。限られた時間数の中で、内容を充実させることが肝要である。

　このような集会活動では、楽しさが優先されて本来の活動目的を見失ってし

まうような場合もあるので、実践においては子供たちが内容を十分に話合って自主的、計画的に運営できるように指導していく必要がある。また、係活動とも連動した役割分担とか、全員の子供が年間を通じて何らかの活躍場面をもてるような運営を考慮していくことが大切である。

《集会活動の内容別分類》

　　　ア．人間関係づくり……誕生日集会、転校生を迎える（送る）会等

　　　イ．娯楽的な内容………ゲーム集会、クイズ集会等

　　　ウ．スポーツ的内容……ドッジボール集会、縄跳び集会、リレー集会等

　　　エ．季節的な内容………七夕集会、ハロウィン集会、節分集会等

　　　オ．文化的な内容………音楽集会、演劇集会、イラストコンクール等

　　　カ．発表会・報告会……係活動発表会、夏休みの思い出報告会等

［集会活動の展開例］

　　　　［小学校低学年］　　　　　　　　［中学校1～3学年○組］

　　　活動名：たんじょう日集会をしよう　活動名：縦割り集会を成功させよう

　　　ア．はじめの言葉（集会係）　　　　ア．開会の言葉（2年実行委員）

　　　イ．たんじょう者の紹介（紹介係）　イ．集会の目的説明（3年実行委員）

　　　ウ．たんじょう日の歌（歌係）　　　ウ．各学年代表の言葉（組代表）

　　　エ．ゲーム（ゲーム係）　　　　　　エ．自己紹介ゲーム、交流ゲーム

　　　オ．感想発表（集会係インタビュー）オ．参加者インタビュー（実行委員）

　　　カ．先生のお話（担任）　　　　　　カ．各学年担任よりの一口コメント

　　　キ．おわりの言葉（集会係）　　　　キ．閉会の言葉（1年実行委員）

　　　　〔4〕　学級活動　内容（2）・内容（3）

■内容（2）　適応と成長および健康安全における話合い活動

　子供一人一人が自己の生き方について振り返り、健全な生活態度や心身の健康保持増進に努めながら、豊かな人間性や個性の伸長を図るための活動内容である。その話合いの目的は、「集団思考活動を通じた個としての自己決定」である。

［小学校4学年での学級活動（2）話合い活動例］

◆題材名：5年生への進級に向けて

　＊実施時期は、高学年への進級を間近にした学年末。

◆ねらい：新たな希望や夢をもって新学年に進級しようとする意欲を育む。

◆活動の流れ

活動過程		活動の内容	準　　備
事前活動		○5年生への進級で期待していることを調査する。 ○5年生に進級する期待や不安を把握する。 ○5年生に取材して調べたことをまとめ、掲示する。	アンケート調査 5年生への取材 調査結果の掲示物
本時の活動	導入	1．アンケート調査から気がついたこと、考えたことを発表し合う。 ・みんな同じような期待と不安を抱えていること。	アンケート結果資料
	展開	2．不安や心配の解消方法について話合う。 ・何を期待し、何が不安なのかを整理しよう。 ・問題点を解決するための方法を考えよう。 （学習、生活、課外活動への取組み等）	要因まとめ用模造紙 上級生からのビデオレター
	終末	3．進級に向けて取り組むことを決める。 ・話し合ったことをもとに、5年生への進級に向けて自分の実践目標を決めよう。 ・目標を発表し合って、付け足ししよう。	個人目標記入短冊 修正清書用短冊
事後活動		○期間を決めて取り組み、実践を継続的に振り返る。	自己評価シート

■内容（3）　学業と進路における話合い活動

　自己の将来に夢や希望を抱き、意欲的に将来の生き方や進路に関する体験を得たり、情報活用したりして進路を自らの意思と責任で考え、選択するための

活動である。よって、その話合いの目的は、「集団思考活動を通じた個としての自己決定」となる。

［中学校2学年での学級活動（3）話合い活動例］

◆題材名：私の適性と進路

　＊実施時期は、職場体験活動に合わせて行う。

◆ねらい：

　ア．社会の一員としての自覚をもち、将来の生活に関心をもつことができる。

　イ．職業の特色を理解し、自分の適性を考えて進路決定しようとする意欲をもつことができる。

◆活動の流れ

活動過程		活動の内容	準　備
事前活動		○将来自分が就きたい仕事について調査する。 ○学級活動委員会によるアンケート集計報告。 ○希望業種別のグルーピングをする。	アンケート調査 アンケート集計結果 グループ学習準備
本時の活動	導入	1．アンケート調査から、将来の自分について考え、発表し合う。 ・ニートやフリーターでは、なぜ困るのか。	アンケート結果資料 ニート、フリーターに関するデータ
	展開	2．職業選択と将来の自分の生活について話合う。 ・どんな理由でどんな職業に就きたいのだろう。 ・職業に就くことで自分はどう変わるのだろう。 ・職業に就くということの意味は何なのだろう。	グループでの話合い グループ毎の発表から全体での話合い
	終末	3．自分の将来設計と職業選択についてまとめる。 ・職業選択によって自分の将来の生活がどう変わるのか、ワークシートにまとめてみよう。 ・職業選択で重要なことは何かをまとめてみよう。	ワークシート記入 個人の適性と結び付くような進路選択
事後活動		○職業適性を課題に就業体験へ臨めるようにする。	自己観察シート

表5-3　学級活動（1）と学級活動（2）、（3）の実践展開の相違点

	学級活動　内容（1）	学級活動　内容（2）・内容（3）
事前指導	Ⅰ　問題発見と提出（議題箱、学級日誌等、指導計画に沿った題材） ↓ Ⅱ　問題の集計・整理（問題を収集・整理） ↓ Ⅲ　共通問題の設定（議題案や話合いの共通課題を設定） ↓ Ⅳ　活動計画の作成（不採用議題の処理、課題に対する自主活動計画） ↓ Ⅴ　事前予告と開催準備（事前調査、役割分担、話合いの予告等）	
本時指導	学級会（話合い） 1．議事の確認と運営役割紹介 2．議題の提案理由発表とめあての発表 3．話合い（互いの考え方のよさを統合する話合い活動） 4．話合いの評価（自己・相互）	学級活動（話合い） 1．問題状況の把握と意識化 2．追求すべき課題の共通化 3．課題の原因追及 4．集団思考による課題解決 5．実践方法の自己決定 6．実践意欲の喚起
事後指導	○決まったことをもとに、活動計画を作成。 ○全員で集団活動として実践。 ○実践活動の評価の実施。	○自己決定に基づいて個人として実践。 ○反省・評価による実践の継続。 ○実践活動の自己評価の実施。

（相原・新富編『個性をひらく特別活動』　2001年　ミネルヴァ書房、p.89を参照作成）

〔5〕　学級活動における心の耕し

A．人間形成の視点からの内面の耕し

　教育活動としての特別活動の最大の特徴は、望ましい集団活動を通して子供一人一人の個性伸長と人間形成を図るところにある。つまり、人の世に生まれ、人とのかかわり合いの中で育ち、人として一人立ちして生きることを学ぶこと、つまり「生きる力」そのものを学ぶところに特別活動の教育的意義が見いだせるのである。その意味では、道徳の時間をはじめ、あらゆる教育活動を通じて行う道徳教育を実践的体験として学んでいく場が特別活動であるとも言

える。道徳実践の場として意識しながら指導するなら、望ましい人間関係を構築できずに戸惑う子供、集団の一員としての自覚に基づいて問題解決にあたろうとする意欲をもてないで躊躇している子供、自分自身の存在そのものや言動に自信がもてないで悩んでいる子供の内面を耕し、道徳的実践力形成として機能する二重スパイラルな意図的教育機会として作用するのは言うまでもないことである。

B．学校生活の当事者としての活動

　特別活動で学ぶ「生きる力」、それは社会性をも包含する道徳性を培う道徳教育とも緊密に関連し合うものである。また、各教科等で培う知性とも緊密に関連する人格形成の基礎を成す人間として生きる上で求められる資質・能力とも連環し合うものでもある。その点から言及するなら、特別活動、とりわけ学級活動は子供の学校の集団活動における日常生活を前提に展開される教育活動であり、そこに生ずる様々な諸問題や課題と当事者である自分が正面から向き合うより現実的な、地に足の着いた学習である。「なすことによって学ぶ」という特別活動の究極目的を体現する学級活動においては、人とこと、人とものといったかかわりも含め、その先にある人と人との直接的なかかわり合いの中においてのみその学習が成立するのである。そして、そこでの学びはただ与えられたものを獲得するといった四角四面で受動的なものではなく、互いの温もりや思いが通い合う機微に富む「知情意」が渾然一体となった能動的かつ可変的な学びである。そこで織りなされる人と人との魂の響き合いに基づく学びは、明日へ生きる希望と可能性を尽きることなく拓いてくれるのである。学校生活の当事者としての学びこそ、学級活動を展開する際の前提要件としていかなければならない。そして、人と人とが出会い、かかわり合い、理解し合い、共に手を携えて新たな世界に一歩踏み出すことが可能となってくる。こんな具体的かつ対面的なかかわり合いこそ、学級活動が本来目指すべき姿である。

C．個性が発揮されてこその望ましい集団活動

　学級活動を通して望ましい人間関係を形成し、集団の一員としての自分を自覚しながら学級や学校におけるよりよい生活づくりに参画し、眼前にある諸問題ときちんと正対しながら解決しようとする自主的、実践的な態度や健全な生

活態度を育むというのは、ただ「多数決の原理」を原則論として運用することではない。そこにいる人の息づかい、その場・その時を共有しながら生きる人の心の機微に触れながら寄り添い、理解しながらの意志決定が大切なのである。

　集団活動では、ともすると少数の声の切り捨てや集団の論理が優先されて個性発揮の機会を埋没させてしまうような傾向が生じやすい。それは、本末転倒である。近代日本開化に向けた啓蒙書として知られる福沢諭吉の『学問のすゝめ』（1872年から1876年にかけて17編の小冊子で刊行）の著名な一節「一身独立して一国独立す」と同様に、個があって初めて集団が成り立つのである。個が生きる望ましい集団活動という当たり前のことを実現する学校生活の基本的な学習活動が学級活動であることを改めて認識しておきたい。

2．児童会活動・生徒会活動での学校生活づくり

（1）児童会活動・生徒会活動の目標とその内容

　児童会活動・生徒会活動は、学校に所属する全員の子供によって組織される自主的教育活動である。学習指導要領では、以下のように述べられている。

表5-4　小学校児童会活動・中学校生徒会活動の目標と内容

小　学　校	中　学　校
［目標］　異年齢の児童同士で協力し、学校生活の充実と向上を図るための諸問題の解決に向けて、計画を立て役割を分担し、協力して運営することに自主的、実践的に取り組むことを通して、第1の目標に掲げる資質・能力を育成することを目指す。	［目標］　異年齢の生徒同士で協力し、学校生活の充実と向上を図るための諸問題の解決に向けて、計画を立て役割を分担し、協力して運営することに自主的、実践的に取り組むことを通して、第1の目標に掲げる資質・能力を育成することを目指す。
［内容］ （1）　児童会の組織づくりと児童会活動の計画や運営 　　児童が主体的に組織をつくり、役割を分担し、計画を立て、学校生活の課題を見いだし解決するために話し合い、合意	［内容］ （1）　生徒会の組織づくりと生徒会活動の計画や運営 　　生徒が主体的に組織をつくり、役割を分担し、計画を立て、学校生活の課題を見いだし解決するために話し合い、合意

形成を図り実践すること。

（2）　異年齢集団による交流

　　児童会が計画や運営を行う集会等の活動において、学年や学級が異なる児童と共に楽しく触れ合い、交流を図ること。

（3）　学校行事への協力

　　学校行事の特質に応じて、児童会の組織を活用して、計画の一部を担当したり、運営に協力したりすること。

形成を図り実践すること。

（2）　学校行事への協力

　　学校行事の特質に応じて、生徒会の組織を活用して、計画の一部を担当したり、運営に主体的に協力したりすること。

（3）　ボランティア活動などの社会参画

　　地域や社会の課題を見いだし、具体的な対策を考え、実践し、地域や社会に参画できるようにすること。

〔1〕　児童会活動

　学校における児童会活動は、全校児童で組織する異年齢集団による自発的・自治的な活動を通して学年や学級の枠組みを超えた望ましい人間関係の形成をその目的としている。そして、異年齢集団活動を通して学校生活に内在する様々な諸問題を解決したり、異年齢の集団活動を通じて互いに理解し、協力し、信頼して支え合ったりする中で、子供自身の参画によってよりよい学校生活づくりが実現するように適切な指導が望まれるのである。

　なお、この児童会活動の運営は主として高学年児童によって主導されるが、児童会活動の目的を体現するためには、下学年の子供たちも児童会活動に対して思いや願いが反映できるようにするといった組織運営体制の確立が不可欠であることも押さえておきたい。それを体現するためには、以下のような活動のポイントに留意していきたい。

《児童会活動活性化のポイント》

A．児童会としての主体性に基づく計画や運営の重要性

　子供の自発的・自治的な活動として展開される児童会活動では、高学年児童が中心となって自分たちで話し合って活動計画を立案し、その実際的場面での運営にあたれるようにすることが大切である。その際の指導のポイントは、何を目的とし、いつまでに、どんなことを、どのように進めていくのかという見通しを子供自身がもてるような活動環境を設定していくことである。

　このような自主的・実践的な態度形成への視点が明確であるなら、主に高学

年児童で構成される代表委員会活動、委員会活動、児童会集会（全校集会、低・中・高学年あるいは兄弟学年集会等）が円滑に行われるための支持的教育活動環境として機能するようになる。

B．異年齢交流による学び合い・磨き合いの場の重要性

　子供相互の望ましい人間関係は、同じ場、同じ時間、同じ体験を介することで促進される。ましてやその人間関係づくりの機会が異年齢集団であれば、同年齢集団よりも互いの気付きを促す要素は数限りなく増大する。異年齢であれば、まず相手を認め、受け入れなければ一歩も前には進めない。互いに理解し合う努力とその方法を工夫しなければ、相手との双方向的なコミュニケーションは成立しない。このような具体的な体験の場を経ることで、子供相互の学び合い、磨き合いによる人間関係構築力は育まれるのである。

C．学校行事に主体的にかかわることの重要性

　学校生活に変化や潤いを与える学校行事に児童会活動が関与することは、その目的性や活動主体性から考えても効果的である。例えば、運動会や学習成果発表会、勤労奉仕的な地域活動といった行事では、計画段階から児童会の代表委員会が関与することは大いに考えられることである。また、遠足や集団宿泊的な行事においても、ある特定部分は子供のたちの創意工夫を盛り込んだ取組みにすることは比較的容易である。また、高学年児童による委員会活動も自発的・自治的な関与によって日常活動とは異なる主体的な活動として機能する絶好の機会ともなる。

　このように、それぞれの教育活動の特質を踏まえながら「自主的・実践的な態度」を育成するという共通の目的性を有する学校行事に敢えて児童会活動を関与させることで、同一の教育活動として展開しながら複数の目的を並行して同時達成することも可能となってくる。そのためには各指導者は互いに連携を密にし、相互補完的な教育機会が実現されるような創意工夫が常に望まれるのである。

〔2〕　生徒会活動

　生徒会活動は、全校の生徒を会員として組織される自発的・自治的な活動である。その目的は、自分たちの学校生活の充実発展・改善向上を期して生徒が主体的かつ組織的に行う活動を通して、一人一人が生徒会組織の一員であるという自覚と責任感をもち、互いに信頼しながら協力し合い、支え合うことで「望ましい人間関係」を構築していくことにある。そして、目的達成に向けてのキーワードは、「自主的・実践的な態度」の育成である。

　青年期前期という人格的発達段階期に位置する生徒たちにとって、生徒会活動は自らの自発的・自治的な計画・運営によって自立的に校風を確立しようとする絶好の機会となることをまず基本要件として押さえておきたい。もちろん、そのような「自主的・実践的態度」が突如として発揮されることはあり得ないわけで、そこには小学校で身に付けた態度や能力を基礎力として活用しながら、生徒自身による自治的・学校生活環境改善・向上運動となるよう発展させる視点が必要なのである。全校児童で組織する異年齢集団活動としての児童会活動から、全校生徒で組織する能動的異年齢集団としての生徒会活動へと継続・発展していく活動であることを心して指導にあたることが肝要である。

《生徒会活動活性化のポイント》

A．自分たちが校風を創り上げていく活動

　生徒の自発的・自治的な活動として展開される生徒会活動では、年間にわたる様々な取組みを通して企画力や運営力といった個性発揮を前提とした主体性を培うという視点が重要になってくる。また、生徒一人一人が心地よく学校生活を送るためには、集団としての規律も不可欠な要件となってくる。集団生活を円滑に進めるためにきまりを設けることは必要なことであるが、校則や生徒心得といった一方的に定められたものを遵守するという受動的な受止めよりも、生徒相互の共通理解に基づいて申し合わせ、正しく運用されることが校風づくりのための実践という点では望ましいことである。よりよい校風づくり、地域の文化に根ざした特色ある学校づくりに、生徒会活動による主体的な取組みは欠かせない要件である。

B．自主運営によって環境改善を図っていく活動

　生徒一人一人が心地よく学校生活を送るためのさらなる要件としては、清潔で美しい学習環境づくりが考えられよう。学校の教育環境整備は本来的に組織運営者である教師側の責任において行うものであるが、だからといって生徒にまったく関与させないというのでは自校に対する愛校心など育たないことになってしまう。学校環境を改善するために生徒一人一人がかかわってこその愛校心の育みである。日常的な学級・学年単位での清掃活動のみでなく、委員会活動等で環境美化運動、保健衛生運動、緑化運動、資源リサイクル等に積極的に取り組むなら、生徒の心身の健康保持のみでなく、環境保全への課題意識を育むことにもつながってくることに留意したい。

C．望ましい人間関係を構築していく活動

　生徒一人一人の自発的・自治的な活動として展開される生徒会活動では、自分たちの学校に対する愛着、所属感、連帯感を高めながら学校生活をより充実したものにしていこうとする人間関係の構築という視点が重要である。学校行事への積極的な関与、生徒会企画による集会活動や各種活動を通して、豊かな人間関係の構築をしていくことも重要な視点である。特に、生徒会活動は必然的に異年齢交流の機会となるので、企画した活動の当日のみに着目するのでなく、そこに至る準備段階での生徒相互の交流を大切にしていくことが重要である。

D．身近な生活の改善を図っていく活動

　生徒会活動にあっては、学校生活における様々な諸問題の解決も重要な取組みである。快適な学校生活を過ごすためのルールを自分たちで決定したり、いじめや暴力、迷惑行為等といった問題にも目を向けたり、学級や学年といった範囲に留まらない全校的な問題解決を目指して全校集会、学年集会等を開催して話し合う手続きを学ばせることは集団への所属意識を涵養するだけでなく、集団生活の中での倫理観や正義感を育むことにもつながってくる。そのような際の指導にあっては、人権擁護といった視点から、教師間の指導に対する共通理解や家庭・地域への協力要請といった「ぐるみで育む」という指導・支援体制を確保していくことが重要となってくる。

E．ボランティア活動等で社会参加を図っていく活動

　生徒会の活動として取り上げる企画には、ボランティア等に関するものも少なくない。ボランティア活動という概念は多様な意味を有するが、共に生きる人間として思わず手を差し伸べたくなったり、自分の力を公共のために役立てたいという願いを実現したくなったりといった善意を基底に行われる活動である。このようなボランティア活動の多くは校内に留まらず、地域の幼児から高齢者、障害者等々、様々な人とのかかわりを介して豊かな体験をもたらしてくれる。様々な社会問題への気付き、必要とされて役立つことへの気付きは、集団の一員として学校生活の充実に寄与することの意味のみでなく、社会の一員としての自覚や役割意識を自らの内に育んでいく大切な機会となる。

（２）児童会・生徒会活動の実践化方策

　児童会活動や生徒会活動の意義は、①自主的・実践的な生活態度の育成、②集団や社会の一員としての帰属意識の涵養と豊かな人間関係構築力の育成、③自発的・自治的な取組みによる社会性や道徳性の養いによる公民的資質の涵養、といった資質・能力の育みにある。

　それらの資質・能力は、社会的存在として生きる子供自身の思考力・判断力・表現力、さらには実践的態度といった具体的な「生きる力」となって学校生活の中で体現されることとなる。それらの資質・能力の育成を効果的に進めるためには、活動を停滞させないための組織づくりが重要である。例えば、生徒会活動で言えば、それらの活動が活性化されるためには、継続的な組織の問題点の洗い出しが必要である。

【組織活動停滞要因チェックの視点】

①　委員や執行役員の選出方法は適切に行われているか。

②　全校生徒の意見が反映されるような組織や仕組みになっているか。

③　活動時間の設定が、年間、学期、月毎に適切になされているか。

④　各専門委員会や学級・学年での継続的取組み支援が可能となっているか。

⑤　担当する教師の活動に対する姿勢や意識に問題はないか。

図5-1　生徒会の組織例と問題点洗い出しの観点

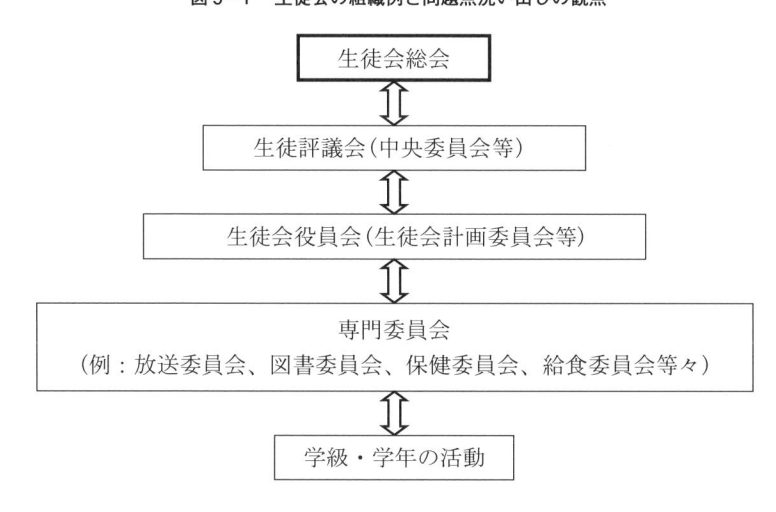

一般的に、小学校では3年生とか4年生以上の学級代表や高学年児童によって校内仕事分担機能として組織される各種委員会の代表で構成する代表委員会が児童会活動を推進する中心的な役割を果たす。

中学校では生徒会の最高審議組織である生徒会総会に提案する議題案の審議を行う生徒評議会（中央委員会等の名称も）、年間活動計画作成等の企画を担当する生徒会役員会（生徒会計画委員会等の名称も）、生徒会の実質的仕事を分担する各種委員会で生徒会活動は推進される。

《小学校代表委員会での活動例》

進め方	主な活動の内容等
■議　題 ■ねらい	「全校なかよしたてわり集会の計画をたてよう」 ●1年生を迎えて、縦割りグループで遊ぶ計画を立てる。 ●話合った計画をもとにして、全員でなかよく遊ぶ。
活動経過	①第1回計画委員会 ●議題を受けて、どのような全校遊びをみんなが望んでいるのか学級毎に調査してもらう。 ②第2回計画委員会 ●調査結果を受け、代表委員会実施計画を作成するとともに、議題を

	「代表委員会ニュース」等で全校に知らせる。 ③代表委員会：△月△日△校時　児童会議室 　Ⅰ．はじめの言葉 　Ⅱ．議題とねらいの発表、提案理由の説明 　Ⅲ．話合い 　　・調査結果の発表 　　・いつ、どこで、何のために、何をして遊ぶのか。 　　・どんな役割分担や準備、場所割りが必要か 　Ⅳ．決まったことの発表 　　・△月△日　△校時　校庭（＊雨天時は各班別教室） 　　・遊びの種類（縄跳び、Ｓケン、氷鬼・・・） 　　　＊雨天時の別バージョンも決めておく。 　　・役割　進行係、会場係、用具係、１年お迎え係・・・ 　　・場所　１班は築山前、２班は砂場前・・・・ 　Ⅴ．代表委員会担当の先生のお話 　Ⅵ．終わりの言葉
活動経過	④「全校なかよしたてわり集会」の実施 　△月△日（△）　△校時、校庭で縦割りグループにて実施。
◆まとめ	●各学級での振り返りをする。（よかった点、反省点、感想等）

《議題取り上げの工夫例》

ア．議題ポストを設置して、全校から議題を募る。

イ．各学級にアンケートをして議題を募る。

ウ．各委員会等に呼びかけて議題を募る。

エ．学校行事、ボランティア等への協力等を計画委員会が提案する。

（3）児童会活動・生徒会活動における心の耕し

　児童会活動や生徒会活動の前提は、「学校の全児童・全生徒をもって組織する」という部分である。子供たちの学校生活は、ともすると身近な学級内の人間関係に固定化されがちになるような面もまま見られるところである。規模にもよるが、同一の学校にいながら互いによく相手を知らなかったり、自分たちの学

級や学年に固執するあまり、他に対して排他的になったりするといったことはよく見受けられる光景である。このような閉鎖的な集団意識、集団への近視眼的なものの見方・感じ方・考え方、かかわりの薄い他者への無関心さといった部分に気付かせ、掘り起こし、積極的に交友の輪・かかわりの輪を拡げようとする意欲や関心を意図的にもたせるのは、とても必要なことである。

　やはり、他者の溢れる思いや心の痛み、自分とは異なる感じ方等は、かかわって初めて知ることである。それは、学校生活における日常的かかわり集団である学級だけでは体験できない人間関係構築力形成にかかわる重要な視点である。社会がグローバル化や高度に情報化した反面、人間関係の希薄さがよく指摘される。学校は、それらを解消する意図的なかかわり機会を創出しやすい長所をもっている。他者の思いは相手と話したり、かかわったりしてみなければ分からない。他者の心の痛みは、共に寄り添ってみなければ分からない。他者のものの見方・感じ方・考え方は共に活動してみなければ分からない。なすことによって知る他者への気付き、自分への気付きを促すところに本活動における心の耕しを見いだしたい。

3．クラブ活動での学校生活づくり

（1）クラブ活動の目標とその内容

　小学校におけるクラブ活動は、①4年生以上の異年齢集団における望ましい集団活動を通して、②望ましい人間関係を形成し、③個性の伸長を図り、④集団の一員として協力し、⑤よりよいクラブづくりに参画しようとする自主的、実践的な態度を育てる、以上5点のことがねらいである。特に、異年齢集団という前提の下、興味・関心を同じくする者同士が集まって主体的に進める教育活動というのは、子供の日常生活をそのまま学校教育の場に移行させる環境設定であり、そこでの意図的な働きかけは結果的に子供の日常生活へとまた還元される性格を有している。よって、その取組みは「はじめに活動ありき」であって、活動を通しての結果追求をするようなものではないことを全教師で確認して教育課程に位置付ける必要がある。

《学習指導要領における小学校クラブ活動の内容》

［目標］

　異年齢の児童同士で協力し、共通の興味・関心を追求する集団活動の計画を立てて運営することに自主的、実践的に取り組むことを通して、個性の伸長を図りながら、第1の目標に掲げる資質・能力を育成することを目指す。

［内容］

　主として第4学年以上の同好の児童をもって組織するクラブにおいて、次の各活動を通して、それぞれの活動の意義及び活動を行う上で必要となることについて理解し、主体的に考えて実践できるよう指導する。

（1）　クラブの組織づくりとクラブ活動の計画や運営

　児童が活動計画を立て、役割を分担し，協力して運営に当たること。

（2）　クラブを楽しむ活動

　異なる学年の児童と協力し、創意工夫を生かしながら共通の興味・関心を追求すること。

（3）　クラブの成果の発表活動の成果について、クラブの成員の発意・発想を生かし、協力して全校の児童や地域の人々に発表すること。

（2）クラブ活動の実践化方策

　充実したクラブ活動を展開する際に重視していかなければならないのは、以下の3点である。

〔1〕　主体的なクラブ活動計画とその運営

　クラブ活動の目的を達成するため、異年齢の子供たちが話し合ってその総意として、年間や学期、月毎の活動計画を立てたり、組織としての役割を分担したりし、協力しながらその運営ができるようにしていくことが大切である。

　特に、クラブ構成員は異年齢であるだけに、話合って意見を取りまとめたり、協力し合って活動を進めたりすることは、学年や学級での様々な活動の取組みとは勝手が違う面も少なくない。その中で説得したり、手助けしたりしながら、互いがどう合意形成し合って集団としての目的追求をしていけるのかが指導のポイントとなる。また興味・関心を同じくする者の集まりであるだけ

に、「協力し合って楽しく活動できる」という部分が中心になければ、クラブ活動を実施する教育的意味は有しなくなることを心したい。

　以上のことから、クラブ活動を教育課程に位置付ける際は、継続して活動できるように年間や学期の適切な時間配当をすることが必要である。本来は、定期的に毎週クラブ活動の時間を配当することが望まれるが、学校事情によってはそうとばかりはいかない面もあろう。そのような場合は、子供たちの活動意欲や活動に対する興味・関心の継続性を最優先に教育課程編成することが肝要である。

〔2〕　みんなでクラブ活動そのものを楽しむ

　クラブ活動はまず、楽しくなければならない。学年の異なる子供たちが共通の興味・関心を追求するために互いが話し合い、協力し合う活動であるから、その前提は「楽しむこと」である。そして、その楽しむことを追求する過程で、仲間とかかわる喜びや計画を具現化する手応え、さらには共通の目的を達成した時の充実感や達成感を実感できるようにすることが大切である。活動を楽しむということは、特別活動における人格形成のための学びを楽しむということと同義である。

〔3〕　クラブ活動での取組みの成果を発表し合う

　クラブ活動を個別的に見れば、各クラブ内での活動成果は閉ざされたものとなっている。しかし、クラブ活動は学校教育として意図的かつ計画的に実施する教育的営みである。よって、各クラブ内での取組みの成果を共有し合うことも必要なことではあるが、それをクラブ活動全体の成果として相互に発表し合い、互いに賞賛し合う場があるなら、そこでの満足感は次なる活動への原動力として蓄積される。また、新たにクラブ活動へ参加する下学年児童にとっては、上学年に進級する期待感を醸成することにもなる。

　また、子供たちがそれぞれに共通の興味・関心を追求してきた成果を、全校児童や保護者、地域の人々に発表する機会を何らかの方法で実現していくことは学校教育の継続性、学校教育の公開性という点で、とても重要な部分であ

る。特にクラブ活動を展開するに際しては、地域関係者他によるボランティアの方々の指導を仰ぐ場面が他の教育活動以上に多くなる。地域の人的資源活用という点はもちろんであるが、何よりも地域の一員として日々暮らす子供たちが、地域に対して自分たちの学習成果を披露することで活動意欲をさらに高めていく機会となる点も重視していきたいところである。

《クラブ活動の指導計画作成や組織化の進め方》

A．指導計画の作成手順

　ア．クラブのねらいを明確にした活動へ　＊興味・関心の追求活動

　　　　　　　↓

　イ．子供の発達段階に即した活動へ　＊自発的かつ継続的な活動

　　　　　　　↓

　ウ．学校や子供の実態に即した活動へ　＊内容、規模、指導者等

　　　　　　　↓

　エ．全教師の共通理解で進める活動へ　＊目的を共有した指導計画

　　　　　　　↓

　オ．他の教育活動とのつながりが見える活動へ　＊教育目標の具現化

B．活動組織づくりの手順

　ア．子供の興味・関心が反映されていること

　イ．個々の活動内容が教育的意味を有するものであること

　ウ．子供が自主的に計画・運営できる範囲内の活動であること

　エ．他の教育内容との重複があまり生じないこと

　オ．学校の施設や設備、地域人材活用等の範囲内であること

★各学校が置かれた地域的実態、学校規模、クラブ活動の指導にあたる教師の指導性等々の考慮も必要となってくる。

［新学期からの活動に向けた組織づくり例］

　　1～2月　　クラブ活動参観（3年生）

　　2月中旬　　クラブ成果発表会（全校および保護者、地域へも公開）

　　2月下旬　　第1次所属希望調査（3、4、5年生）

　　3月上旬　　結果集計と設置クラブの仮決定

3月下旬　　対象学年児童と教師集団との合意による設置クラブ決定

4月上旬　　担当教師の決定と第2次所属希望調査（新6年の希望優先）

4月中旬　　所属クラブ決定と活動組織・活動計画決め

［考えられる設置クラブの類型化］

●スポーツ系：サッカー、バスケットボール、バレーボール、卓球、バドミントン、一輪車、体操、陸上競技等々

●芸術系：合唱・合奏、鼓笛、伝統芸能、演劇、文芸、絵画、書道等々

●趣味系：手芸・刺繍、料理、園芸、囲碁・将棋、鉄道、漫画・イラスト、工作、模型製作等々

●学習系：社会科、科学、理科実験、天文・気象、郷土史、新聞等々

［年間活動計画作成例］

クラブ名「伝承遊びクラブ」　部長：△△　△△、担当教員：△△　△△

学　期	活動のねらいと活動内容
1学期	◆活動のねらい　みんなで伝承遊びを楽しむ。 ◆活動内容 ・組織決めと年間活動計画作成 ・外遊びを中心に楽しむ。 　（かくれんぼ、缶けり、Sけん、ゴム跳び等） ・1学期の振り返りと2学期への希望発表
2学期	◆遊びのルールや方法を身に付ける。 ◆活動内容 ・外遊びと室内遊びを季節に合わせて楽しむ。 　（竹馬、凧揚げ、ビー玉、けん玉、お手玉、コマ回し等） ・2学期の振り返りと3学期への見通しの話合い
3学期	◆活動成果のまとめと発表をする。 ◆活動内容 ・クラブ見学での活動紹介 ・クラブ発表会に向けての準備（内容、分担、練習） ・クラブ発表会への参加 ・1年間の活動成果の振り返りと感想発表会

（3）クラブ活動における心の耕し

　クラブ活動で大切なことは、子供の活動を見守ることである。つまり、同じ活動を希望する4年生、5年生、6年生の同好メンバーによって組織され、自主運営されるのがクラブ活動であるから、そこには子供の活動主体性というものが前提になければならない。クラブ活動における指導で何よりも大切にしなければならないのは、活動結果ではなく、活動そのもののプロセスにあるということである。プロセス重視における教師の役割は、子供たちが自分たちで相談し合い、納得し合い、活動し合うことで安心して取り組めるように見守り、活動環境を整えてあげることである。たとえ稚拙であったとしても、自分の興味関心に基づいて主体的かつ自発的・自治的に進める活動は何にも代えがたい心の糧となるはずである。子供の活動を見守り、時には認め、時には励まし、時には勇気付ける、そんな姿勢が活動を支える原動力となることを心して指導にあたることが大切である。

　また、クラブ活動のいちばんの特徴は、異年齢集団によって構成される活動である点である。学校生活の多くの場面は同年齢での活動が占めるが、クラブ活動では6年生は下学年生のよき理解者であり、様々な面で手助けしたり、助言したりする役割を担う。5年生は6年生を助けながら、下級生が楽しく活動できるよう援助する役割を担う。4年生は上級生の活動する姿を通して未来の自分の役割について理解を深めたり、上級生に感謝と敬愛の念を抱いたりしながら参加することを体験的に学ぶのである。このような人的なつながりを共通の興味・関心を追求する中で知らず知らずに学んでいけるような活動環境整備こそ、教師の大切な心の耕しとなるのである。

4．学校行事が学校生活で果たす役割

（1）学校行事の各内容と実践への考え方

　小・中学校学習指導要領「特別活動」で示されている「学校行事」の目標は、以下の通りで文言は共通である。以下にその教育的意義や特質、実践化へ向けた指導の在り方等について概括する。

表 5-5　学校行事の目標

［小学校］	［中学校］
全校又は学年の児童で協力し、よりよい学校生活を築くための体験的な活動を通して、集団への所属感や連帯感を深め、公共の精神を養いながら、第 1 の目標に掲げる資質・能力を育成することを目指す。	全校又は学年の生徒で協力し、よりよい学校生活を築くための体験的な活動を通して、集団への所属感や連帯感を深め、公共の精神を養いながら、第 1 の目標に掲げる資質・能力を育成することを目指す。

〔1〕　学校行事の教育的意義と特質

　わが国では学校行事が古くから重視されてきた。そして、入学式や運動会、修学旅行、卒業式等々のように誰にも共通するような学校体験を全ての国民が有しているのである。このような鮮明な記憶としての学校体験は、個人の豊かな生き方に多大な影響を及ぼすことは、誰もが納得のいくところであろう。

　学校行事は、「A．子供の学校生活に望ましい秩序と変化を与える活動」であり、「B．その取組みを通して協力し合いながら共に生きることを学ばせる活動」であり、「C．家庭や地域社会とのつながりや一体感を肌で感じる活動」である。ともするとマンネリ化しがちな学校生活に学校行事が組み込まれると、高揚感や期待感が膨らんだり、自分の目的達成に向けての挑戦意欲が喚起されたりといった平素とは異なる胸の高鳴り等は誰しも体験するところであろう。

　学校行事の一つ一つを丁寧に取り組んでいくことは、教師としては気苦労が多いばかりでなく、その準備過程では負担も大きい。しかし、その取組みが子供たちのかけがえのない人生の糧、一生の鮮明な記憶として心に刻まれ、その後の困難や試練を乗り越える原動力として大きく作用することを忘れてはならないであろう。

　学校行事の特質を挙げるなら、大まかに 4 点に集約されよう。

A．多様な学びの内容を含む総合的かつ体験的な活動

　学校行事の内容は実に多様である。そして、それぞれに固有の特色をもつ。また、それらは各教科等での学習では得がたい実感を伴う学習成果となって子

供の内面を育む。特に、学校行事では教科学習では得がたい人間相互のかかわり合いによる生きた社会性や道徳性を学ぶ場として機能する。

B．個の内面の充実と発展可能性を拓く活動

　多様性を含む学校行事は、普段の教科等学習では顕在化しにくい個々の特性を大きく開花させる要素を多分に含んでいる。日常の学校生活ではあまり目にすることができない互いの個性的な特徴を理解し合ったり、自ら自覚したりする大切な機会となる。

C．所属集団への帰属意識や愛着を育む活動

　学校行事に取り組むということは、人とかかわるということそのものである。そして、同じ目的や目標を共有し合ってその達成を目指す活動でもある。当然、そこでは他者を信頼し、共感し合い、協力し合い、目的達成の充実感や喜びの分かち合い感を存分に味わうこととなる。つまり、自分が所属する組織集団への帰属意識・愛着感を培う得がたい場となるのである。

D．組織的に行う自主的・実践的な活動

　集団的な取組みが主題となる学校行事では、自主的・実践的な具体的な活動を通して、集団のきまりや望ましい集団の在り方について体験的に理解することができる。例えば、運動会や体育祭等は互いが主体的にかかわり、協力し合っていかなければ行事そのものが成り立たないのである。もちろん、その行事内容によって個々のかかわり方は異なってくるが、準備段階から終了後の片付けや振り返り活動まで、そこには組織的なかかわりが常に生じている。確かな手応え、共感し合う喜びや達成感、成就感は組織的に行う自主的・実践的活動としての学校行事だからこそ味わえるのである。

〔2〕　学校行事の指導の在り方

　学校行事は子供の自主的・実践的な活動として取り組まれる。しかし、それが円滑に、そして教育的意義を含意してなされるためには当然のことであるが、そこには教師の指導性が発揮されていなければならないのは言うまでもない。さらに大切な点は、学校行事の指導を介して子供一人一人の人間的な善さの発揮や内面的な成長の歩みを見取っていくことである。そのためには、指導

にあたる全教師で予め行事指導における共通する到達目標と評価すべき観点とを明確にして立案しておくことが必要なのである。

　以上のように、特別活動は教師主導の教育活動ではないため、教師の指導性が直接的なことよりも、子供の主体性を発揮させるための間接的な支援・援助となる。それゆえにどのような指導の在り方が望ましいのか、どのように個々の子供の成長を見取ればよいのかというぶれない視点を定めておくことが何よりも大切なのである。また、学校行事における指導にあっては、子供一人一人が自らもっている善さを豊かに発揮し、進んで活動することを尊重する共感的な支援に努めるという指導の姿勢が、さらなる可能性を押し拡げる上で有効に機能するものであることにも心砕いていきたい。

（2）学校行事による学校生活づくり1　儀式的行事

〔1〕　儀式的行事の内容

　儀式的行事は厳粛でけじめのある雰囲気を体験することで、学校生活の節目節目に変化をもたらし、次なる学校生活への期待感や決意、見通しをもたせる役割を果たす。

　ともすると、この儀式的行事は教師主導で権威的なものとなりやすいが、子供もその活動展開に関与する部分が明確に位置付けられるように工夫すると積極的に参加したり、進んで活動したりすることが可能となってくる。

表5-6　小・中学校儀式的行事の内容

［小学校］	［中学校］
学校生活に有意義な変化や折り目を付け、厳粛で清新な気分を味わい、新しい生活の展開への動機付けとなるようにすること。	学校生活に有意義な変化や折り目を付け、厳粛で清新な気分を味わい、新しい生活の展開への動機付けとなるようにすること。

〔2〕　儀式的行事の実践化方策

A．儀式的行事の事例

> 入学式、卒業式、始業式、終業式、終了式、立志式、離任式、着任式等

B．儀式的行事における指導の工夫

ア．厳粛で清新な雰囲気を味わえるように考慮する。

イ．儀式的行事を計画・実施するのはあくまでも教師側であることを自覚する。

ウ．校内の子供全員が何らかの形でかかわれるような活動を考慮する。

エ．校内の全教師による指導体制を確立する。

オ．入学式、卒業式等の改まった場においては国旗を掲揚し、国歌を斉唱するようにする。

　この儀式的行事への子供のかかわらせ方のポイントは、その意義を理解しているか否かの点に尽きる。例えば卒業式でのお別れの言葉を呼びかけ形式で行う場合、その言葉の一つ一つが自分の体験に基づく中から生み出されたものであれば、そこには子供の主体性が必然的に発揮され、参加させられているという傍観者的な意識など生じようがない。たとえ学校や教師が企画立案したとしても、そこに子供の切実な思いや願いが発揮できる場が介在するなら、それは子供自身にとっての意味ある行事として認識され、受容されるのである。

〔3〕　儀式的行事における心の耕し

　人間は人の中に生まれ、人の中で育まれる。子供たちにとって、学校はまさに自分の独自性や自分らしさに気付き、所属する集団の中で自分自身の個性を伸長して人格的な成長を遂げていく場そのものである。その自己指導力発揮の前提となるのは、集団の一員としての自分に対する気付きである。この当たり前の事実への自覚が、まず何よりも必要なのである。集団の一員としてというこの自覚があってこそ、その中での役割に思い至ったり、責任を果たすことの意味を理解したりするのである。

　儀式的行事は、子供たちにとって自分が社会の一員、集団の一員としての気付きを促す重要な機会となるのである。そして、社会的存在として自己の勝手気ままさ、身勝手さを慎み、他者と手を携えて歩まなければならない「支え合って共に生きる存在」としての自分自身について理解を深めるのである。

　よって、儀式的行事は子供にとって個性を集団に従わせる拘束的、受動的なものでは決してない。集団の中にあってかけがえのない個性を自ら見いだすその第一歩、こう理解するのがまさに適切であろう。このような指導観に立って儀式的行事を問い直すなら、その指導プロセスにおいて子供たちへ働きかける意識化の手法もおのずと異なってくるはずである。

（3）学校行事による学校生活づくり2　文化的行事

〔1〕　文化的行事の内容

　文化的行事は、子供の主体性や創造性を生かしながら日頃の学習成果も含めて総合的に学びの力として、学んだ結果として発揮できる要素を多く含んでいる。そして、これらの行事を通してさらに自己の資質・能力を高めたり、可能性を拡げたりしてより文化的に高いものを目指そうとする意欲を高めるような指導の工夫をしていくことが求められる。

表5-7　小・中学校文化的行事の内容

［小学校］	［中学校］
平素の学習活動の成果を発表し、自己の向上の意欲を一層高めたり、文化や芸術に親しんだりするようにすること。	平素の学習活動の成果を発表し、自己の向上の意欲を一層高めたり、文化や芸術に親しんだりするようにすること。

〔2〕　文化的行事の実践化方策

A．文化的行事の事例

音楽会、演劇教室、文化祭、合唱コンクール、作品展、書き初め展、映画鑑賞会、講演会、弁論大会、新入生を迎える会、卒業生を送る会等々

B．文化的行事における指導の工夫

　　ア．子供の活動意欲を尊重し、自主的な活動、運営ができるようにする。

　　イ．特定の子供だけでなく、全員が何らかの形で主体的にかかわれるように
　　　　留意する。

　　ウ．行事のための準備に過大な時間や負担が生じないよう配慮する。

　　エ．行事に参加する子供の創意工夫が生かされるような活動場面を設定でき
　　　　るようにする。

　文化的行事における指導のポイントは、全員が何らかの形で活動へ参加し、
同時に運営のための役割分担を担うことである。そのような責任を負うこと
で、活動過程での他者とのかかわりの中から子供それぞれに自己存在感、所属
感、連帯感等を実感するからである。また、準備段階から事後の片付けに至る
まで一連の役割の責任を全うすることの大切さを体験的に学ぶ絶好の機会でも
ある。

〔3〕　文化的行事における心の耕し

　人間は、ただ日々を漫然と生きるだけではない。どのような環境に置かれて
も自らの生活の中に喜びや希望を見いだし、そこで生きる自分を楽しむ存在な
のである。ならば、子供とて同様である。学校生活は子供にとって、まさに自
らの日々の生活に喜びを見いだし、それを存分に享受し、よりよい明日への可
能性を見いだす場そのものなのである。文化的行事は、個性ある子供たち一人
一人にとって、学校生活の場で自分を輝かす成長の舞台そのものである。その
舞台となる個性発揮の教育的環境を、教師は学校行事を通して少しだけ整えて
やればいいのである。後は、それを思う存分に活用し、可能性を押し広げるの
は子供自身の自発的な意思と実践力である。「自ら光る」という自立的存在、「自
ら輝く」という能動的存在が子供本来の姿であり、それを支援・援助していく
ところに特別活動に携わる教師の役割があると言うべきであろう。

　特に、文化的行事で子どもの主体的な活動の余地を大切にするのは、個々の
個性の可能性への期待そのものからである。特定の子供が活躍するのではな
く、それぞれの持ち場で、それぞれの子供がその個性に応じて活躍できるこ

と、それが何よりも尊いのである。自己への信頼感、自己の可能性への期待感、自己の生き方への確かな自信という人間存在の根幹部分を育むことと緊密に関連し合う部分が大きいのは、やはりこの文化的行事であろう。

　肝要なのは、1年間の学校行事を手間暇かかる面倒くさいものとして消化するという発想を断ち切り、普段の教育活動では十分にできないことを手間暇かけて子供育てに活用できる好機が学校行事と教師が自覚することである。

（4）学校行事による学校生活づくり3　健康安全・体育的行事

〔1〕　健康安全・体育的行事の内容

　健康安全に関係する行事の内容が幅広いのも、この行事の特色である。健康の必要性だけでなく、日常生活における事故や自然災害等の発生といった安全な暮らしとその備え、健康の維持増進に努めることの大切さを理解させつつ、どのような生活態度が求められるのか、どのような生活の工夫が必要なのかを実践的に考えさせていくことが重要である。

　また、体育的な行事についてはそれにかかわる全教師の理解の下、保護者や地域の協力も得ながら子供の活動意欲を高めていくことが大切である。そして、生涯にわたる健康増進や体力向上、スポーツに親しむ態度等の育成が重要となってくる。健康安全、体力づくりといった事柄は、子供自身の生きる根幹にかかわる内容であるだけに、きちんと向き合えるような指導が必要となってくる。

表5-8　小・中学校健康安全・体育的行事の内容

［小学校］	［中学校］
心身の健全な発達や健康の保持増進、事件や事故、災害等から身を守る安全な行動や規律ある集団行動の体得、運動に親しむ態度の育成、責任感や連帯感の涵養、体力の向上などに資するようにすること。	心身の健全な発達や健康の保持増進、事件や事故、災害等から身を守る安全な行動や規律ある集団行動の体得、運動に親しむ態度の育成、責任感や連帯感の涵養、体力の向上などに資するようにすること。

〔2〕 健康安全・体育的行事の実践化方策

A．健康安全・体育的行事の事例

> 健康診断、身体測定、給食関連指導、交通安全教室、防災避難訓練、運動会、体育祭、体力測定、持久走大会、水泳大会、駅伝大会、球技大会等々

B．健康安全・体育的行事における指導の工夫

ア．子供や地域の実態に即して、できる限り集中的・総合的・組織的に実施できるようにする。

イ．具体的な場面で適切な避難方法等が取れるようにする等、形式的な指導に流れないようにする。

ウ．交通安全指導等は実施時期を考慮し、安全な登下校や日常生活が送れるようにする。

エ．運動会や体育祭では地域性、地域の伝統文化を考慮することも大切であるが、子供たちに過大な負担がかからないよう考慮する。

オ．校内記録会や地域の競技会等ではいたずらに勝負や成果にこだわることがないよう十分に考慮する。

　健康安全・体育的行事は、子供の主体性が計画段階から存分に発揮できる場面もある反面、教師の意図的な指導計画に基づいて展開される場合もある。しかし、大切なことは子供一人一人が自らの健康安全に留意し、自然災害や事故、犯罪等の事件に巻き込まれないよう心身共に健やかな生活を送れるようにすることである。また、体育的行事ではその結果にこだわりがちになるような場面も少なくない。そこで、フェアプレーの精神、参加することの意義等にも思い至らせるような指導にしていきたい。

〔3〕 健康安全・体育的行事における心の耕し

　自分が今を生きていることの充実感を感じたり、自分の未来への期待感をもてたりするのは、何と言っても自分の心身がまず健康であることが前提となっている。病弱であったり、健康面での不安を抱えたりしているなら、日々の生

活を楽しむことや未来に期待する前に、明日のわが身を案じることが先に立ってしまうであろうし、また、心の迷いや悩みとて同様である。心身共に健康で日々の生活を送ることができる、体力と気力が漲る時を過ごすことで自分の可能性への自信を感じることができるなら、それは生きていることの証を実感できる素晴らしいことである。そもそも、人は自分の意志というよりも、大いなるもの（something great）の力によってこの世に生を受けた存在なのである。そして、その生の終焉も大いなるものの手に委ねられる。ならば、人間の一生は他律的かつ受動的なものなのかというと、決してそんなことはない。この世に生を受けたその時から、自らの意志でその生を全うしようとする存在が人間なのである。その生を脅かす健康面や安全面での不安こそ、未来への光明を閉ざす要因となるのである。

　健康安全・体育的行事は、単に目先のことに囚われるような近視眼的な指導観によって進めるようなものではない。一人の人間の生涯にわたる望ましい人格的発達にかかわって、それを支え、実現していくための指導という巨視的かつ複眼的な立場での指導が求められる。当然、そのような視点に立つなら、体育的行事等で勝敗のみにこだわって一喜一憂したり、アンフェアな立ち居振る舞いをしても結果にこだわったりといったことは実に些細なことにしか見えないことになろう。

（5）学校生活づくり4　遠足（旅行）・集団宿泊的行事

〔1〕　遠足（旅行）・集団宿泊的行事の内容

　小学校における遠足・集団宿泊的行事、中学校における旅行・集団宿泊的行事は、日常の学校内を中心とした教育活動の場を離れ、校外において様々な豊かな体験活動を重ねながら行うところに特色がある。従って、学校外の教育活動の場としては、豊かな自然環境や社会的・文化的環境が求められる。また、そのような校外活動は集団活動でもある場合が多いので、そこで人間的なふれあいや共感・共有体験が自主性や自立心、公徳心等を養う絶好の機会となって機能する。よって、指導にあっては物見遊山になったり、活動目的のみこだわ

ったりということに終始しないよう配慮していく必要がある。校外活動でかかわる人、こと、ものの全てが子供にとって学びの対象であるという姿勢が何よりも重要である。

交通網や情報網が未整備の時代にあっては、見聞を広めるといった視点で学校が組織的に行う遠足や社会見学、旅行等のもつ意味は大きかった。また、かつては地域の中にあった子供や若者の自立を促す子供組、若者宿、若衆宿等と呼ばれた拠点があって、そこに参加することで集団のルールや集団の一員としての立ち居振る舞いを学んだものであったが、社会の進展と共にそれは意図的に組織しなければ学べない状況となっている。このような背景を受けての活動が遠足・集団宿泊的行事（小学校）もしくは旅行・集団宿泊的行事（中学校）と解することができよう。

このような行事の実施に際しては、不測の事故や緊急事態の発生も想定されることである。教育効果と危険性が同居する行事という認識を参加する全教師が共有し、その対応策や具体的マニュアル等の事前準備が不可欠である。

表5-9　小・中学校遠足（旅行）・集団宿泊的行事の内容

［小学校］	［中学校］
自然の中での集団宿泊活動などの平素と異なる生活環境にあって、見聞を広め、自然や文化などに親しむとともに、よりよい人間関係を築くなどの集団生活の在り方や公衆道徳などについての体験を積むことができるようにすること。	平素と異なる生活環境にあって、見聞を広め、自然や文化などに親しむとともに、よりよい人間関係を築くなどの集団生活の在り方や公衆道徳などについての体験を積むことができるようにすること。

〔2〕　遠足（旅行）・集団宿泊的行事の実践化方策

A．遠足（旅行）・集団宿泊的行事の事例

> 遠足、修学旅行、自然教室、林間学校、臨海学校、移動教室等々

B．遠足（旅行）・集団宿泊的行事における指導の工夫
　ア．指導計画立案時に子供の主体的な活動が保証できるようにする。

イ．一人一人が組織の一員としての役割を担当し、その責任を果たしながら
　活動に寄与する充実感を味わえるようにする。
ウ．それぞれの行事の特色を生かし、普段の学校生活では味わえない豊かな
　体験ができるようにする。

　日常の学校生活を離れ、校外の豊かな自然環境や文化環境に触れる体験を通
して、学習活動を充実させるところにこの行事の特質的意義がある。校外にお
ける集団活動を通して子供同士、子供と教師との人間的なかかわり活動の中
で、基本的な生活習慣や公徳心等が切実感を伴って自覚される機会でもあるこ
とに留意していきたい。

〔3〕　遠足（旅行）・集団宿泊的行事における心の耕し

　遠足や修学旅行、自然教室等、集団での泊を伴う学校の教育活動は、子供た
ちの忘れがたいかけがえのない印象を刻み込む。諺にもあるが、「同じ釜の飯
を食う」とは、生活する場を共にして、一つ一つの体験を共有し合う関係であ
る。それは家族のように親しく交わり、時には、困ったことや苦しいこと、悲
しいことを分かち合い、時には共に事を成し遂げた時の喜びや楽しみを分かち
合って過ごすという社会的存在として生きる人間に不可欠な「つながり感」を
与えてくれるのである。

　現代社会では核家族化や個室化が進む中で、他者との共有スペース（空間、
時間、事柄等）よりもプライベートなパーソナルスペースが優先される傾向に
ある。しかし、様々な災害等発生時に人々が何よりも真っ先に求めるのは、人
と人とのつながり感である。差し迫った事態に遭遇するといった特殊な状況だ
からという解釈もできようが、人は人と支え合って生きる存在なのだという当
たり前のことを学び、自覚するのは、換言するなら、人として生きることその
ものを学ぶことでもあるのである。

　遠足（旅行）・集団宿泊的行事は、互いの共有体験を通して他者との関係性
を学ぶのに貴重な場であるという認識から、その実施の在り方を検討・計画し
ていきたいものである。

（6）学校行事による学校生活づくり5　勤労生産・奉仕的活動

〔1〕　勤労生産・奉仕的行事の内容

　かつてに比べ、わが国の子供たちの勤労体験、物づくり体験、奉仕的体験等が極端に減少していることは各種の調査で明らかであり、危機感を抱く教育関係者も少なくない。現行学習指導要領でも強調されている勤労体験や物づくりといった生産体験、ボランティア体験等の充実は喫緊の課題でもあり、各学校の教育課程に各教育活動が相互に関連し合うような形で位置付けられるよう配慮していくことが必須となっている。

　身近な地域の人々や異なる年代の人々との交流体験、雄大な自然というよりも身近にある自然の神秘に触れる体験等、他者や社会、自然、環境とふれあい、共感的に理解し合うという営みは、人間が生きていく上で不可欠なことなのである。それを直接的に行うのが、この勤労生産・奉仕的行事である。

表5-10　小・中学校勤労生産・奉仕的行事の内容

［小学校］	［中学校］
勤労の尊さや生産の喜びを体得するとともに、ボランティア活動などの社会奉仕の精神を養う体験が得られるようにすること。	勤労の尊さや生産の喜びを体得し、職場体験活動などの勤労観・職業観にかかわる啓発的な体験が得られるようにするとともに、共に助け合って生きることの喜びを体得し、ボランティア活動などの社会奉仕の精神を養う体験が得られるようにすること。

〔2〕　勤労生産・奉仕的行事の実践化方策

《勤労生産・奉仕的行事の事例》

> 大掃除、地域美化運動、飼育栽培活動、地域施設訪問、職場体験等々

◆勤労生産・奉仕的行事における指導の工夫

ア．予め取り組むその行事の教育的意義を子供が十分に理解し、進んで活動で

きるようにする。

イ．飼育・栽培活動等では収穫や生産の喜びが味わえるような機会や場も考慮
して活動に取り組めるようにする。

ウ．子供の発達段階を考慮し、それぞれの子供の実態に即した役立ち感、充実
感が味わえるようにする。

　勤労生産やボランティア等の奉仕活動は、実際に体験することで初めてその
意義や活動の意味を理解する体感的な側面が少なくない。よって、生産活動や
奉仕活動を断片的でなく、継続的かつじっくりと取り組んでそのよさを実感で
きるような活動環境を整えていきたい。かかわることで自然へ感謝の念をもつ
こと、他者の思いを理解すること、活動することで他者や社会に役立てた実感
をもつこと、いずれの側面でもその内面的な実りは大きいものがあることを心
して指導にあたりたい。特に、中学校での就業体験等は、具体的かつ個別なキ
ャリアデザインを考えるきっかけとしての意味を見いだせるであろう。

〔3〕　勤労生産・奉仕的行事における心の耕し

　今日の学校教育では、ボランティア活動に対する認識が低年齢層まで広く浸
透してきている。阪神淡路大震災、東日本大震災等々の自然災害、原発事故と
いった人災事故を前に、多くの人々が他人事ではなく、自らの心の痛みとして
受け止め、そして自分にできることとして行動している。それ自体は素晴らし
いことであり、これからの社会に引き継いでいかなければならない社会的財産
でもある。よく、ボランティア活動については、以下のような3原則が挙げら
れる。

《ボランティア活動の3原則》

①自発性の原則　　　②公共性の原則　　　③無償性の原則

　もちろん、ボランティア活動は自発的意志に基づくものであるし、それは私
的な側面よりも公共性に叶うものでなければならない。また、手を差し伸べず
にはいられないという切なる内面から湧き起こる活動動機に拠るものだけに、
金銭的な授受というのは論外であろう。ただ、これからの少子高齢化社会の到

来は、このような原則論だけでは済まされないような事態も生じてこよう。

　例えば、全国的なセーフティネットの受け皿となっている社会福祉協議会等にボランティア登録する人も年々増加傾向にある。そんな中で、受け入れ側の思いとは裏腹に、自発的な意志による無償行為であるから自己都合によるキャンセルも当然であるといった安易な風潮も見られると漏れ聞こえてくる。このような状況は如何なものであろうか。たとえ無償のボランティアであっても、その先には助力を必要としている具体的な姿形の伴う他者がいるのである。地域や行政等によっては、交通費等の実費等を保証する有償ボランティアの動きも見られる昨今である。それはボランティアではないのか。何のためのボランティアなのか、ボランティアの先につながっている他者の息づかいを感じられないようなボランティアとは、そもそもボランティアと言えるのか。

　有償ボランティアの動きは、単にアルバイト的な発想から生まれたものではない。ボランティアする人の先につながる援助を必要としている人の切なる思いを確実に受け止めるための、それこそ本来の意味でのセーフティネットなのである。「なすことによって学ぶ」のが特別活動である。そこには自分につながる他者や社会に対する認識と洞察が常に求められるのである。そうでなければ、いかなる具体的な体験活動も形骸化した無意味なものに化してしまうからである。

　勤労生産活動とて同様である。ただ金銭的な授受の伴う雇用関係のみに執着するなら、人の人生の大きな部分を占める勤労は実に味気ないものとなってしまう。勤労することに社会的な意味を感じ、自分自身が勤労することが自己実現の一部分として重なり合うなら、一生の多くの時間を費やす意義を感得することができよう。自分はなぜそれをしているのか、どうして自分はそれをやらなければならないのか、自分がやっていることが社会にとってどのような意味を有しているのか等々、勤労生産・奉仕的行事は常に人間としての在り方や生き方と深く結び付くものであることが理解できよう。それを学校教育の中でどのように文化伝達として実現し、継承していけるのかを真摯に考えていくことが結果的に、子供たちの心の耕しとなるに違いない。

5．結言　特別活動で育む思いやりの心・公正な心・挫けない心

　「結言」という言葉が物語っているように、文字通り本節は章のまとめというよりも、本書で問いかける特別活動という教育活動を通じての「心の育み」についてのまとめに相当する。特別活動で育む思いやりの心、公正な心、挫けない心といった「心の教育標語」的な要素は、果たして子供たちの内面を育むという側面から見た場合、どのような意味を有するものなのであろうか。本章のまとめにあたって、改めて考察していきたい。

　子供が学ぶという行為は、教科教育であろうと、特別活動であろうとさしたる違いはない。敢えて両者の特質的な違いを挙げるとするなら、前者のように子供自身が知識獲得という学びのプロセスを経て、自らを「識る」段階へと至らせるのか、それとも後者のように体験的に切実感をもちながら直接に人間としての在り方や生き方を「識る」ための学びを求めていくのかといった学習内容と学習目的的な違いであろう。本書は、改めて言うまでもなく後者の学びをどう育んでいくのかという問題意識に立脚しているものである。

　例えば、「知る」あるいは同義語の「領る」を用いた場合、そこで意味するのはある事柄の現象・状態を隅々まで自分のものとして理解するといった意味合いでの用法となる。それを「識る」といった用語に置き換えた場合は「物事を正しく判断・評価する力」、つまり本質を見抜いてこれからの自分の生き方に収斂させるという未来志向的な意味合いが強くなってくる。まさに本書のタイトルとなっている「未来を拓く力」の獲得である

　学校の教育課程における教育活動の大半を占める教科教育で目指すのは、教育基本法第2条第1項に謳われた「幅広い知識と教養を身に付け、真理を求める態度を養い」といった部分にウェイトが置かれる。つまり、「知識・理解」、「技能」といった「習得」の土台に立って、「思考・判断・表現」といった「活用」、さらには「関心・意欲・態度」を前提とした「探求」的な学びを志向することが知識基盤社会における論理的思考力（critical thinking：対象物そのままの理解ではなく、客観的かつ分析的に理解する力）の獲得を目指すこととなる。ところが、道徳教育や特別活動にあっては、教育基本法第3条に示された「国民一人一人が、自己の人格を磨き、豊かな人生を送ることができるよう、その

生涯にわたって、あらゆる機会に、あらゆる場所において学習すること」を可能とする「生き方学習」そのものが学習を通しての目的となるので、先に挙げた「物事を正しく判断・評価する力」、「本質を見抜く力」の直接的な学びとなるのである。その点で、教科学習は内容的目標設定となっており、道徳科や特別活動にあっては人間の在り方や生き方を第一義に志向する方向的目標設定となるのである。よって、このような事情から道徳教育や特別活動は人格形成教育としての心の教育と重なり合う部分が大きくなるのである。とりわけ、特別活動は自主的・実践的な態度の育みという視点から、自分の生き方や人間としての生き方についての考えや自覚を深めつつ、自己を生かす能力の培いが教育活動そのものの目標となるので、子供一人一人の内面を耕すような教育的営みでなければ用をなさないのであることを肝に銘じたい。

　ただ、「心の育み」と言った場合、その実相は一様ではない。その用語に内包されるものは、情意的側面から見た心情や感情、情操といったものの育みが考えられよう。また、望ましさという社会規範や倫理観に立脚して思考・判断する認知的側面の育みも考えられよう。さらには、このような他者とのかかわり状況に遭遇した場合はこう振る舞うべきであるといったコーピング・スキル（coping skill：状況に応じた対処行動）的な能力の育みに視点を置いた行動的側面での「心の育み」も考えられよう。もちろん、それらは別個に独立して存在するのではなく、相互に関連し合い影響し合いながら機能するのが本来あるべき姿なのである。つまり、心というものが「人と人との間に介在する」存在であるとするなら、他者との望ましい関係を築き、発展させていく上で求められる「人間関係構築力」は、心身一如の調和的な個の内面に息づくものであろう。よって、心の学びは思考力と判断力、表現力、そして実践スキルが統合された「心即理」の実践哲学として具体化されるのである。その「心即理」の実践哲学を担うのが、学校の教育課程においては特別活動での学びということになるのである。

　前述のような論理に従うなら、そこには通り一遍でない実践哲学的な学びのプロセスが求められよう。それが「体験の経験化」プロセスである。個としての豊かで全我的な体験を意味付け、客観的根拠の伴う一般化された経験へと高

めていくという特別活動における「体験の経験化プロセス」としての PAR サイクルそのものである。この PAR サイクルは、特別活動では必須な要件であることを改めて押さえておきたい。

　PAR サイクル、つまり、物事の内容を理解する事前準備段階（Preparation）での意識付け、活動を通しての体験段階（Action）、活動後の振り返り段階（Reflection）での変容を、診断的（事前）評価→形成的評価→総括的（事後）評価という一連の流れを通じて子供一人一人の活動を意味付けさせることが個々の心の耕し、育みとなるのである。それがあってこそ、単なる成果追究のための活動ではなく、種々の豊かな学び体験が自己成長の糧となっている実感を子供に自覚化させることにつながってくるのである。

　このようなことから、特別活動において大切なことは子供一人一人の人間としての善さや可能性を積極的に認め・励ますようにすると共に、自ら学び、自ら考える力、自らを律する力、他人と共に協調しながら活動できる力といった豊かな人間性を構成する社会性、道徳性等、自らの未来を拓いていけるような「生きる力」の育成視点からの内面の育みである。そのためには、子供が常に自己活動を振り返りつつ、新たな自分の目標や課題をもてるようなもう一人の自分の視点、セルフ・モニタリング（self -monitoring）の視点、分かりやすく置き換えるなら、「自己を見つめる内なる目」を育てていくことが大切なのである。

　特別活動では単なる活動結果に囚われるのではなく、学びの過程での個としての取組みのよさ（努力や意欲等）を積極的に認め、励まし、勇気付け、個の内面を多面的・総合的に育んでいくところに教育課程の一領域としての意義があると理解したい。いささかキャッチ・コピー的ではあるが、特別活動で育む究極的な学力とは、「自らの未来を拓く力」であることを述べて結言としたい。

■第 5 章の参考文献
（１）　文部科学省『小学校学習指導要領解説　特別活動編』 2017年 Web 版
（２）　文部科学省『中学校学習指導要領解説　特別活動編』 2017年 Web 版
（３）　文部省国立教育政策研究所教育課程研究センター『楽しく豊かな学級・学校生活を
　　　つくる特別活動　小学校編』 2016年　文溪堂

（4）　文部省国立教育政策研究所教育課程研究センター『学級・学校文化を創る特別活動　中学校編』　2016年　東京書籍
（5）　田沼茂紀『心の教育と特別活動』　2013年　北樹出版
（6）　杉田洋編『小学校　新学習指導要領の展開　特別活動編』　2017年　明治図書
（7）　藤田晃之編『中学校　新学習指導要領の展開　特別活動編』　2017年　明治図書
（8）　横浜市小学校特別活動研究会編『特別活動 Q&A101』　1988年　コジマ印刷
（9）　本間啓二・佐藤允彦編『特別活動の研究』　2003年　アイオーエム
（10）　渡部邦雄・緑川哲夫・桑原憲一編『特別活動指導法』　2009年　日本文教出版
（11）　北村文夫編『特別活動』　2011年　玉川大学出版部
（12）　日本特別活動学会監修『キーワードで拓く新しい特別活動』　2010年　東洋館出版社
（13）　全国道徳特別活動研究会『道徳・特別活動の本質』　2012年　文溪堂

第 6 章

総合的な学習の時間および特別活動の今後の課題

1．総合的な学習（探究）の時間の教育的意義とは何か

（1）総合的な学習（探究）の時間の特質

　総合的な学習の時間は、子供が自らの課題意識に基づいて自発的に横断的・総合的な課題解決学習を行う時間として平成10（1998）年の学習指導要領改訂の際に創設された。

　この総合的な学習の時間（高校は「総合的な探究の時間」と呼称）は学習指導要領が適用される全ての学校（小学校、中学校、高等学校、中等教育学校、特別支援学校）の教育課程に教科外教育の時間として位置付けられている。なお、総合的な学習の時間とは教育課程上における教科等種別を表す用語であり、総合的な学習の時間の名称は各学校が独自に定めてもよいこととなっている。

　この時間は、国際化や情報化をはじめとする社会の変化を踏まえ、子供の自ら学び、自ら考える力等々の全人的な生きる力の育成を目指して既成の教科等の枠を越えた教科横断的・総合的な学習を行うことを意図して学校の教育課程に位置付けられたのである。また、そこで目指す子供たちの学びの特徴は、体験学習や問題解決学習の重視、学校・家庭・地域の連携等を掲げていることである。

　また、学習内容として想定しているのは、国際理解、情報、環境、福祉・健康等で例示するという形で学習指導要領に示されている。ただ、ここでの学習が円滑に展開されるための基礎的要素が子供たちの内に多少なりとも培われていないと、それはお仕着せの「活動あって学びなし」の教育活動で留まってしまう危険性を大いに孕んでいる。学習指導要領改訂の度にその授業時数が減少傾向にあることから、各学校での効果的かつ有意義な実施が容易ではない難しさを物語っていると言えよう。

　この総合的な学習の時間での子供たちの学習が充実していくためには「主体的・対話的で深い学び」を前提にすることはもちろんのこと、「知識・技能」、「思考力・判断力・表現力」、「学びに向かう力・人間性等」がある程度は基礎力として網羅されていることが必要であろう。例えば手押しポンプで井戸水を吸い上げようとする際、そのきっかけとなる呼び水がなければ水を吸い上げることはできない。それと同様であると。しかし、この総合的な学習の時間での学びのねらい、つまり、変化の激しい社会に対応して自ら課題を見付け、自ら学び、自ら考え、主体的に判断し、よりよく問題を解決する資質・能力を育てることは今後ますます「多様なものの見方・考え方」が求められる「知識基盤社会」の時代にあって重要な役割を果たすものであることをまず押さえておきたい。

（2）総合的な学習（探究）の時間の目標

　総合的な学習の時間の目標は、表6-1に示した通りである。これらの目標は、総合的な学習の時間が教育課程上設定されている小学校第3学年から高等学校まで一貫している。因みに小学校低学年では総合的な学習の時間へと発展する「生活科」が実施されている。

　総合的な学習の時間の目標は、この時間固有な見方・考え方という視点と、総合的な学習の時間を通して育成する資質・能力という二つの要素から構成されている。

　一つ目である総合的な学習の時間に固有な見方・考え方というのは、子供が自らを学習の主体者として位置付け、「探求的な見方・考え方を働かせ、横断的・総合的な学習を行うことを通して、よりよく課題を解決し、自己の生き方を考えていくための資質・能力を育成する」ことである。これは、子供自身が総合的な学習の時間でのプロセスを通して学んだことを自己と結び付けて考え、自己成長を実感したり、自己の生き方を考えたりする「生き方学習」を意味する。探求的な見方・考え方という固有な目標でもある。

　二つ目は、各教科同様に総合的な学習の時間を通して身に付けさせる「①知識及び技能」、「②思考力・判断力・表現力等」、「③学びに向かう力、人間性等」

について述べている。これらを総合的な学習の時間を通してどう具現化していくのかという視点から、「課題の解決に必要な知識及び技能」、「実社会や実生活の中から問いを見いだし、自分で課題を立て、情報を集め、整理・分析して、まとめ・表現する」、「互いのよさを生かしながら、積極的に社会に参画しようとする態度」といったようなことである。

　そして何よりも大切なのは、これらの目標は「主体的・対話的で深い学び」を通すことで実現されるということである。

表6-1　小・中学校　総合的な学習の時間の目標

［小学校］	［中学校］
探究的な見方・考え方を働かせ、横断的・総合的な学習を行うことを通して、よりよく課題を解決し、自己の生き方を考えていくための資質・能力を次のとおり育成することを目指す。 （1）　探究的な学習の過程において、課題の解決に必要な知識及び技能を身に付け、課題にかかわる概念を形成し、探究的な学習のよさを理解するようにする。 （2）　実社会や実生活の中から問いを見いだし、自分で課題を立て、情報を集め、整理・分析して、まとめ・表現することができるようにする。 （3）　探究的な学習に主体的・協働的に取り組むとともに、互いのよさを生かしながら、積極的に社会に参画しようとする態度を養う。	探究的な見方・考え方を働かせ、横断的・総合的な学習を行うことを通して、よりよく課題を解決し、自己の生き方を考えていくための資質・能力を次のとおり育成することを目指す。 （1）　探究的な学習の過程において、課題の解決に必要な知識及び技能を身に付け、課題にかかわる概念を形成し、探究的な学習のよさを理解するようにする。 （2）　実社会や実生活の中から問いを見いだし、自分で課題を立て、情報を集め、整理・分析して、まとめ・表現することができるようにする。 （3）　探究的な学習に主体的・協働的に取り組むとともに、互いのよさを生かしながら、積極的に社会に参画しようとする態度を養う。

（3）総合的な学習（探究）の時間の目標と内容の関係性

　総合的な学習の時間における目標と内容については、各学校の置かれた環境や子供の実態等を考慮しながら、適宜設定し、年間指導計画等が立案されることとなっている。

表6-2　総合的な学習の時間における目標と内容

1　目　標
各学校においては、第1の目標を踏まえ、各学校の総合的な学習の時間の目標を定める。 2　内　容 各学校においては、第1の目標を踏まえ、各学校の総合的な学習の時間の内容を定める。

　総合的な学習の時間においては、各学校の裁量に委ねられていることから、その指導計画案や学習展開プロセスによって目指すべき目標やそこで子供たちに培う資質・能力についても少なからぬ格差を生じやすい。そのようなことから、小・中・高等学校学習指導要領では、総合的な学習（探究）の時間で取り上げる内容の取扱いについて、以下のように規定している。

表6-3　総合的な学習の時間で取り上げる内容

［小学校］	［中学校］
（1）　各学校において定める目標については、各学校における教育目標を踏まえ、総合的な学習の時間を通して育成を目指す資質・能力を示すこと。	（1）　各学校において定める目標については、各学校における教育目標を踏まえ、総合的な学習の時間を通して育成を目指す資質・能力を示すこと。
（2）　各学校において定める目標及び内容については、他教科等の目標及び内容との違いに留意しつつ、他教科等で育成を目指す資質・能力との関連を重視すること。	（2）　各学校において定める目標及び内容については、他教科等の目標及び内容との違いに留意しつつ、他教科等で育成を目指す資質・能力との関連を重視すること。
（3）　各学校において定める目標及び内容については、日常生活や社会とのかかわりを重視すること。	（3）　各学校において定める目標及び内容については、日常生活や社会とのかかわりを重視すること。
（4）　各学校において定める内容については、目標を実現するにふさわしい探究課題、探究課題の解決を通して育成を目指す具体的な資質・能力を示すこと。	（4）　各学校において定める内容については、目標を実現するにふさわしい探究課題、探究課題の解決を通して育成を目指す具体的な資質・能力を示すこと。
（5）　目標を実現するにふさわしい探究課題については、学校の実態に応じて、例えば、国際理解、情報、環境、福祉・健康などの現代的な諸課題に対応する横断	（5）　目標を実現するにふさわしい探究課題については、学校の実態に応じて、例えば、国際理解、情報、環境、福祉・健康などの現代的な諸課題に対応する横断

的・総合的な課題、地域の人々の暮らし、伝統と文化など地域や学校の特色に応じた課題、児童の興味・関心に基づく課題などを踏まえて設定すること。

(6)　探究課題の解決を通して育成を目指す具体的な資質・能力については、次の事項に配慮すること。

ア　知識及び技能については、他教科等及び総合的な学習の時間で習得する知識及び技能が相互に関連付けられ、社会の中で生きて働くものとして形成されるようにすること。

イ　思考力、判断力、表現力等については、課題の設定、情報の収集、整理・分析、まとめ・表現などの探究的な学習の過程において発揮され、未知の状況において活用できるものとして身に付けられるようにすること。

ウ　学びに向かう力、人間性等については、自分自身に関すること及び他者や社会との関わりに関することの両方の視点を踏まえること。

(7)　目標を実現するにふさわしい探究課題及び探究課題の解決を通して育成を目指す具体的な資質・能力については、教科等を越えた全ての学習の基盤となる資質・能力が育まれ，活用されるものとなるよう配慮すること。

的・総合的な課題、地域や学校の特色に応じた課題、生徒の興味・関心に基づく課題、職業や自己の将来に関する課題などを踏まえて設定すること。

(6)　探究課題の解決を通して育成を目指す具体的な資質・能力については、次の事項に配慮すること。

ア　知識及び技能については、他教科等及び総合的な学習の時間で習得する知識及び技能が相互に関連付けられ、社会の中で生きて働くものとして形成されるようにすること。

イ　思考力、判断力、表現力等については、課題の設定、情報の収集、整理・分析、まとめ・表現などの探究的な学習の過程において発揮され、未知の状況において活用できるものとして身に付けられるようにすること。

ウ　学びに向かう力、人間性等については、自分自身に関すること及び他者や社会との関わりに関することの両方の視点を踏まえること。

(7)　目標を実現するにふさわしい探究課題及び探究課題の解決を通して育成を目指す具体的な資質・能力については、教科等を越えた全ての学習の基盤となる資質・能力が育まれ、活用されるものとなるよう配慮すること。

2．総合的な学習（探究）の時間の実践的な展開

(1) 総合的な学習（探究）の時間の具体的実践のための課題づくり

　総合的な学習の時間では、子供が自ら進んで主体的な学びを展開する前提条件として「学習内容の決定と課題づくり」が大きなウェイトを占める。

　学習内容については、大別すると以下のような3点になる。

A．現代的な諸課題に対応する教科等横断的・総合的な課題

　　例：国際理解、情報、環境、福祉・健康等に関する課題

B．地域や学校の特色に応じた課題

　　例：地域の人々の暮らし、地域の伝統や文化等に根ざした課題

C．子供の興味・関心に基づく課題

　　例：子供自身の個人的レリバンスに基づく内容、キャリア形成に関する課題（進路や将来設計、職業選択等）

　これらの課題づくりのポイントとなるものは、「調べる課題」、「表す課題」。「関わる課題」という次元の異なる課題を連続的につないでいくことで子供個々の課題意識を連続させ、同時にそこでの学びを活性化させることで育むべき資質・能力を明確にしながら育んでいくことである。

　また、総合的な学習の時間での学びを介して子供たちに同時に育んでいきたいのは、自分自身が設定した学習課題をモニタリングさせながら学習を継続することで、自己評価能力を高めていくことである。もちろん、学習活動が必ずしも子供自身が思い描いているような展開になるとは限らない、課題そのものを見直したり、その学習方略を修正したりする中で、子供は自らの学びの姿を多様に自己評価するのである。そこでの学びがいずれにおいても「なすことによって学ぶ」を体現していることを肯定的に自己評価、相互評価できるような学習活動を計画していく必要がある。

　さらに、当初に計画した学習課題を追求する過程で幾度となく課題そのものを修正したり、その課題達成に向けた学習方略を修正したりする中で学習課題をより深みと発展性あるものへと向上させていくことでさらなる学習意欲の喚起・学習意欲の持続が可能になるようにしていくことを重視していく必要がある。

　ここまで述べたように、総合的な学習の時間では①学習課題を連続的に組み合わせることで一貫性ある学習計画にしていく、②子供の自己評価能力を高める学習計画にしていく、③課題を修正しつつ発展できるような学習計画にしていく、といった継続性と発展性の伴う主体的な学習が可能になるよう配慮していくことが授業活性化の切り札となるのである。

（２）総合的な学習（探究）の時間での課題づくり実践事例

　総合的な学習の時間の展開においては、課題づくりをどう具体的な学習展開へと落とし込んでいけるかが大きなポイントとなる。イメージすると、①選択型課題づくり、②疑問集約型課題づくり、③学習計画立案重視型課題づくりといったパターンが想定されてくる。

A．選択型の課題づくりで展開する

　単元名：自分たちの住んでいる○○について詳しく調べよう

　選択型課題づくり：「自分が調べたいのはこの町の○○」

　　　　①住んでいる人、②地域の出来事や日常生活、③地域にあるもの

B．疑問集約型課題づくり

　単元名：みんなが共に楽しく暮らせる社会へ（環境・福祉、人権）

　中心課題づくり：誰もが住みよい社会を目指そう

　　　　①自分でやってみる体験⇒気付きをキーワード化する

　　　　②一人一人の課題づくり⇒全体で確認し合う

　　　　③全体課題への練り上げ⇒課題追求のための方略検討

C．学習計画立案重視型課題づくり

　単元名：みんなで目指そう環境博士

　計画課題づくり：「チャレンジ！マイプラン」

　　　　①環境問題を調べるための問題との出会い

　　　　②問題を解決するための学習テーマの決定

　　　　③学習テーマを追求するための自己課題の明確化

　　　　④自己課題を解決するための学習計画づくり

　　　　⑤自己課題に基づく追求活動

　これらの課題づくりの実践過程で重視したいのは、「体験・ふれあい」を重視すること、「体験を累積」させながら継続すること、「具体から抽象へ」という具体的・感覚的な活動での課題意識から汎用性のある課題意識へと発展させていくこと等々、総合的な学習の時間を通して子供たちに培っていく資質・能力を前提にした「継続的な生きて働く力」の育成を常に視野に置いた学習計画ができることである。ともすると「活動あって学びなし」と揶揄されることも

少なくない総合的な学習の時間である。子供にとって毎時間が自己成長の糧とできるような学習を構成していきたいものである。

3．総合的な学習（探究）の時間の今後の課題

（1）総合的な学習（探究）の時間の特質をどう教育課程に位置付けるか

　国立教育政策研究所等の「総合的な学習の時間の実施状況調査」結果等を見ると、子供の主体性を軸に大きな成果を上げている学校がある一方、総合的な学習の時間創設当初からの趣旨・理念が浸透せずに十分な教育成果を見るに至っていない学校も少なくない。また、学校種によっても多少は異なるが、総合的な学習の時間の教育成果に対して否定的な教員の割合も決して少なくはない。特に学校種間での連携が十分でないために同様の学習活動を繰り返し行うなど、学校種間の取組みの重複も見られる。

　こうした状況を改善するためには総合的な学習の時間の趣旨や目標、内容等を明確化するとともに、子供に育てたい力や一貫した学習活動の示し方等について今後も検討を積み重ねる必要があろう。

　ただ、総合的な学習の時間で培うべきねらいとなっている子供一人一人「自己の生き方を見つめさせる」という部分はとても重要であり、「特別教科　道徳」＝道徳科や特別活動との緊密な連携を重視した指導をこれまで以上に充実させていく必要があることは言うまでもないことである。

　特に小・中学校学習指導要領第1章「総則」第2「教育課程の編成」に示されている「総合的な学習の時間における学習活動により、特別活動の学校行事に掲げる各行事の実施と同様の成果が期待できる場合においては、総合的な学習の時間における学習活動をもって相当する特別活動の学校行事に掲げる各行事の実施に替えることができる」といった文言の拡大解釈によって、これまで以上に総合的な学習の時間が形骸化されることは何としても回避されなければならないところであろう。

　また、総合的な学習の時間を創設した理由に、子供たちの学習意欲や関心が低下していることを受け、より「個別な学び」を保障しようということの前提があったはずである。そうであれば、従来の「教科重視」の部分と「個として

の学びを紡ぐ」総合的な学習の時間等での学びは矛盾することなく両立できる
はずである。

　総合的な学習の時間では、①子供が自分らしく自己実現するという「個性
化」の視点、②社会の中に生きている個を自覚化させるという「社会化」の視
点、③個別な学びの集合体が知の総合化であるという「学問」の視点、が重視
される。これらが学びとして統合されるところにこそ、総合的な学習の本質的
な学びの意義があるに違いない。今後重視すべきは、やはりこのような知の総
合化の視点が何よりも重要であると考える。そのためには小学校段階より社会
環境、自然環境、文化環境から体験を通して課題を見付け、考え、解決してい
くという学び方を培っていくことが大事である

（2）学校教育総体としての資質・能力形成への転換へ

　ここまで述べてきたように、総合的な学習の時間は教科横断的・総合的な学
習を通して、「学び方を学ぶ時間」であることが改めて理解されよう。同時に
学校の教育課程からはみ出してしまうが大切な現代的な課題と呼ばれるものが
ますます増大している現代社会にあって、各教科等で学んだ断片的な「知」を
意味付けるという役割も担っている。

　例えば、人権・共生教育、平和教育、LGBT（性的マイノリティー）等々の問
題はこれからの時代にあっては子供たちが関心を向けずに済まされない未来志
向的に生きて働く力として必須要件となってくることは間違いないところであ
る。それらをどこで学ぶのか。そう考えた時、総合的な学習の時間が果たす役
割の意味は大きいと考える。

　その際、いかに各教科、道徳科、特別活動等と有機的かつ往還的な関連性を
教育課程として、学校教育全体計画として、年間指導計画としてもたせていけ
るかが、大きなキーワードとなってこよう。また、それらの教育活動が同時進
行的に展開される時、各々の関連性を保ちながら円滑に機能するためのカリキ
ュラム・マネジメント能力が各学校・各教師に求められることは言うまでもな
いところである。

■第 6 章の参考文献
（1）　文部科学省『小学校学習指導要領解説　総合的な学習の時間編』　2017年 Web 版
（2）　文部科学省『中学校学習指導要領解説　総合的な学習の時間編』　2017年 Web 版
（3）　高浦勝義編『総合学習の理論』　1997年　黎明書房
（4）　水越敏行『総合的学習の理論と展開』　1998年　明治図書
（5）　高浦勝義『総合学習の理論・実践・評価』　1998年　黎明書房
（6）　加藤浩次・安藤輝次『総合学習のためのポートフォリオ評価』　1999年　黎明書房
（7）　小田勝己『総合的な学習に適したポートフォリオ学習と評価』　1999年　学事出版
（8）　柴俊夫編『総合的な学習の課題づくり』　2001年　明治図書
（9）　黒上晴夫編『ポイント整理　総合的な学習の時間』　2017年　東洋館出版社
（10）　国立教育政策研究所『資質・能力　理論編』　2016年　東洋館出版社

あとがき

　これからの変化の激しい時代にあって、特別活動はどうあればよいのかと本書の「はじめに」で問題提起した。書き進めていく内に本書のキーワードは「子供たちの心の育み」に違いないと確信するに至った。なぜなら、心を体現するのは子供一人一人の「見方・考え方」であり、その「見方・考え方」を鍛え育むことで子供たちの心は逞しく育ち、他者と共に一生涯にわたってよりよく生きるための力、生きて働く力を培えるからである。学校の教育課程においては教科外教育として位置付けられている「特別活動」であるが、そこで「なすことによって学んだ力」はかけがえのないものである。

　これまでの学校では、子供たちが「学んだ」というとそこには受動的知識獲得型の３R's のイメージがつきまとい、活動を通して体験的に学ぶことの重要性を容易には認めにくい風潮が少なからず支配的であった。いわゆる、読み（reading）・書き（riting）・計算（rithmetic）を基盤にした主知主義的な教育観である。確かに、日常生活を営む上で基礎的・基本的な知識や技能は確かに必要である。また、それを学んだ結果として、いくら今日の社会がユニバーサル化したとは言えども著名な上級学校への進学も、さらには一流官庁や企業への就職も、主知主義的な発想なくしては叶わない現実があることも確かである。しかし、そのような結果論的な社会的評価が直ちに個人としての生き方の充実感と結び付くのであろうか。

　社会的存在として生きる人間にとって、自らの在り方や生き方を支える主体的な思考力・判断力・表現力、それ以前の問題としての自らの生を充実させるために向上したい、学びたいと願う切実なる飢餓感を充足させるのは、最終的には知徳体のバランスが整ってのことであろう。さらに言葉をつなぐなら、「心即理」の生き方を貫ける自己の人格的完成に向けた意志力があってのことであろう。そのような学びが学校教育の中で体現される教育活動は様々あろうが、それ自体の達成を目的とする教育活動と考えるなら、それは特別活動以外にはあるまい。現代のグローバル化社会、高度情報化社会がますます進行する中

で、個としての学びを心棒となって支えるトータルな人間力を育成する特別活動を学校教育の根幹に据えたいと願うのは、子供の健やかな人格的成長を願う教育関係者であれば一様に共有できる理念であるに違いない。

このように特別活動を第一義に据える考え方、広い概念としての「逞しい心を育む教育」を具現化し・積極的に推進しようとする発想は、わが国の教育界が様々な現代的諸課題に晒されて進退窮まっている今日的状況下では至極当然な考え方であろうと思う次第である。

「逞しい心」にもう少し言及するなら、子供が自らの必然性をもって学ぼうとする時、そこにはそれを受け止め、励まし、勇気付ける自らの心棒となって支える自己信頼感が前提になくてはならないであろう。このような自己を肯定する感情、自己を信頼して踏み出そうとする意欲はどこから生まれてくるのであろうか。

若い時分、心許ない限りではあるが義務教育学校での教職経験がある。奉職して間もなく校務分掌として割り当てられたのが、特別活動主任であった。青二才のこんな自分にも責任ある立場を任せてもらえたと驚喜したことを昨日のように覚えている。嬉しくて、嬉しくて、渾身の力を振り絞って職務遂行に努めた毎日であった。そして、暫くして気が付いた。特別活動などというどうでもよい手間暇かかって面倒な教育活動は、右も左も分からない若造を煽ててやらせておけばいいという校内の言わずもがなの雰囲気である。結局、そんな不遇な特別活動への思いが止みがたく、今も後進の育成に取り組んでいる。本書執筆の原動力はここにあることを改めて自覚したような気がしている。

最後に、いつもながら本書執筆の機会と心温まる励ましを与えてくださった北樹出版編集部長の古屋幾子氏に感謝申し上げ、本書の結びとしたい。

平成30（2018）年弥生　　著　者

《資料編　平成29年・30年改訂　小・中・高等学校学習指導要領》

［高等学校学習指導要領
　第5章　特別活動　　　］

第1　目　標

　集団や社会の形成者としての見方・考え方を働かせ、様々な集団活動に自主的、実践的に取り組み、互いのよさや可能性を発揮しながら集団や自己の生活上の課題を解決することを通して、次のとおり資質・能力を育成することを目指す。

(1) 多様な他者と協働する様々な集団活動の意義や活動を行う上で必要となることについて理解し、行動の仕方を身に付けるようにする。

(2) 集団や自己の生活、人間関係の課題を見いだし、解決するために話し合い、合意形成を図ったり、意思決定したりすることができるようにする。

(3) 自主的、実践的な集団活動を通して身に付けたことを生かして、主体的に集団や社会に参画し、生活及び人間関係をよりよく形成するとともに、人間としての在り方生き方についての自覚を深め、自己実現を図ろうとする態度を養う。

第2　各活動・学校行事の目標及び内容

〔ホームルーム活動〕

1　目　標

　ホームルームや学校での生活をよりよくするための課題を見いだし、解決するために話し合い、合意形成し、役割を分担して協力して実践したり、ホームルームでの話合いを生かして自己の課題の解決及び将来の生き方を描くために意思決定して実践したりすることに、自主的、実践的に取り組むことを通して、第1の目標に掲げる資質・能力を育成することを目指す。

2　内　容

　1の資質・能力を育成するため、全ての学年において、次の各活動を通して、それぞれの活動の意義及び活動を行う上で必要となることについて理解し、主体的に考えて実践できるよう指導する。

(1) ホームルームや学校における生活づくりへの参画

ア　ホームルームや学校における生活上の諸問題の解決

　　ホームルームや学校における生活を向上・充実させるための課題を見いだし、解決するために話し合い、合意形成を図り、実践すること。

イ　ホームルーム内の組織づくりや役割の自覚

　　ホームルーム生活の充実や向上のため、生徒が主体的に組織をつくり、役割を自覚しながら仕事を分担して、協力し合い実践すること。

ウ　学校における多様な集団の生活の向上

　　生徒会などホームルームの枠を超えた多様な集団における活動や学校行事を通して学校生活の向上を図るため、ホームルームとしての提案や取組を話し合って決めること。

(2) 日常の生活や学習への適応と自己の成長及び健康安全

ア　自他の個性の理解と尊重、よりよい人間関係の形成

　　自他の個性を理解して尊重し、互いのよさや可能性を発揮し、コミュニケーションを図りながらよりよい集団生活をつくること。

イ　男女相互の理解と協力

　　男女相互について理解するとともに、共に協力し尊重し合い、充実した生活づくりに参画すること。

ウ　国際理解と国際交流の推進

　　我が国と他国の文化や生活習慣などについて理解し、よりよい交流の在り方を考えるなど、共に尊重し合い、主体的に国際社会に生きる日本人としての在り方生き方を探求しようとすること。

エ　青年期の悩みや課題とその解決

　　心や体に関する正しい理解を基に、適切な行動をとり、悩みや不安に向き合い乗り越えようとすること。

オ　生命の尊重と心身ともに健康で安全な生活態度や規律ある習慣の確立

節度ある健全な生活を送るなど現在及び生涯にわたって心身の健康を保持増進することや、事件や事故、災害等から身を守り安全に行動すること。

(3) 一人一人のキャリア形成と自己実現

ア　学校生活と社会的・職業的自立の意義の理解

現在及び将来の生活や学習と自己実現とのつながりを考えたり、社会的・職業的自立の意義を意識したりしながら、学習の見通しを立て、振り返ること。

イ　主体的な学習態度の確立と学校図書館等の活用

自主的に学習する場としての学校図書館等を活用し、自分にふさわしい学習方法や学習習慣を身に付けること。

ウ　社会参画意識の醸成や勤労観・職業観の形成

社会の一員としての自覚や責任をもち、社会生活を営む上で必要なマナーやルール、働くことや社会に貢献することについて考えて行動すること。

エ　主体的な進路の選択決定と将来設計

適性やキャリア形成などを踏まえた教科・科目を選択することなどについて、目標をもって、在り方生き方や進路に関する適切な情報を収集・整理し、自己の個性や興味・関心と照らして考えること。

3　内容の取扱い

(1) 内容の (1) の指導に当たっては、集団としての意見をまとめる話合い活動など中学校の積み重ねや経験を生かし、それらを発展させることができるよう工夫すること。

(2) 内容の (3) の指導に当たっては、学校、家庭及び地域における学習や生活の見通しを立て、学んだことを振り返りながら、新たな学習や生活への意欲につなげたり、将来の在り方生き方を考えたりする活動を行うこと。その際、生徒が活動を記録し蓄積する教材等を活用すること。

〔生徒会活動〕

1　目　標

異年齢の生徒同士で協力し、学校生活の充実と向上を図るための諸問題の解決に向けて、計画を立て役割を分担し、協力して運営することに自主的、実践的に取り組むことを通して、第1の目標に掲げる資質・能力を育成することを目指す。

2　内　容

1の資質・能力を育成するため、学校の全生徒をもって組織する生徒会において、次の各活動を通して、それぞれの活動の意義及び活動を行う上で必要となることについて理解し、主体的に考えて実践できるよう指導する。

(1) 生徒会の組織づくりと生徒会活動の計画や運営

生徒が主体的に組織をつくり、役割を分担し、計画を立て、学校生活の課題を見いだし解決するために話し合い、合意形成を図り実践すること。

(2) 学校行事への協力

学校行事の特質に応じて、生徒会の組織を活用して、計画の一部を担当したり、運営に主体的に協力したりすること。

(3) ボランティア活動などの社会参画

地域や社会の課題を見いだし、具体的な対策を考え、実践し、地域や社会に参画できるようにすること。

〔学校行事〕

1　目　標

全校若しくは学年又はそれらに準ずる集団で協力し、よりよい学校生活を築くための体験的な活動を通して、集団への所属感や連帯感を深め、公共の精神を養いながら、第1の目標に掲げる資質・能力を育成することを目指す。

2　内　容

1の資質・能力を育成するため、全校若しくは学年又はそれらに準ずる集団を単位として、次の各行事において、学校生活に秩序と変化を与え、学校生活の充実と発展に資する体験的な活動を行うことを通して、それぞれの学校行事の意義及び活動を行う上で必要となることについて理解し、主体的に考えて実践できるよう指導する。

(1) 儀式的行事

学校生活に有意義な変化や折り目を付け、厳粛で清新な気分を味わい、新しい生活の展開への動機付けとなるようにすること。

(2) 文化的行事

平素の学習活動の成果を発表し、自己の向上の意欲を一層高めたり、文化や芸術に親しんだりするようにすること。

(3) 健康安全・体育的行事

心身の健全な発達や健康の保持増進、事件や

事故、災害等から身を守る安全な行動や規律ある集団行動の体得、運動に親しむ態度の育成、責任感や連帯感の涵養、体力の向上などに資するようにすること。

(4) 旅行・集団宿泊的行事

平素と異なる生活環境にあって、見聞を広め、自然や文化などに親しむとともに、よりよい人間関係を築くなどの集団生活の在り方や公衆道徳などについての体験を積むことができるようにすること。

(5) 勤労生産・奉仕的行事

勤労の尊さや創造することの喜びを体得し、就業体験活動などの勤労観・職業観の形成や進路の選択決定などに資する体験が得られるようにするとともに共に助け合って生きることの喜びを体得し、ボランティア活動などの社会奉仕の精神を養う体験が得られるようにすること。

3　内容の取扱い

(1) 生徒や学校、地域の実態に応じて、内容に示す行事の種類ごとに、行事及びその内容を重点化するとともに、各行事の趣旨を生かした上で、行事間の関連や統合を図るなど精選して実施すること。また、実施に当たっては、自然体験や社会体験などの体験活動を充実するとともに、体験活動を通して気付いたことなどを振り返り、まとめたり、発表し合ったりするなどの事後の活動を充実すること。

第3　指導計画の作成と内容の取扱い

1　指導計画の作成に当たっては、次の事項に配慮するものとする。

(1) 特別活動の各活動及び学校行事を見通して、その中で育む資質・能力の育成に向けて、生徒の主体的・対話的で深い学びの実現を図るようにすること。その際、よりよい人間関係の形成、よりよい集団生活の構築や社会への参画及び自己実現に資するよう、生徒が集団や社会の形成者としての見方・考え方を働かせ、様々な集団活動に自主的、実践的に取り組む中で、互いのよさや個性、多様な考えを認め合い、等しく合意形成に関わり役割を担うようにすることを重視すること。

(2) 各学校においては、次の事項を踏まえて特別活動の全体計画や各活動及び学校行事の年間指導計画を作成すること。

ア　学校の創意工夫を生かし、ホームルームや学校、地域の実態、生徒の発達の段階などを考慮すること。

イ　第2に示す内容相互及び各教科・科目、総合的な探究の時間などの指導との関連を図り、生徒による自主的、実践的な活動が助長されるようにすること。特に社会において自立的に生きることができるようにするため、社会の一員としての自己の生き方を探求するなど、人間としての在り方生き方の指導が行われるようにすること。

ウ　家庭や地域の人々との連携、社会教育施設等の活用などを工夫すること。その際、ボランティア活動などの社会奉仕の精神を養う体験的な活動や就業体験活動などの勤労に関わる体験的な活動の機会をできるだけ取り入れること。

(3) ホームルーム活動における生徒の自発的、自治的な活動を中心として、各活動と学校行事を相互に関連付けながら、個々の生徒についての理解を深め、教師と生徒、生徒相互の信頼関係を育み、ホームルーム経営の充実を図ること。その際、特に、いじめの未然防止等を含めた生徒指導との関連を図るようにすること。

(4) 障害のある生徒などについては、学習活動を行う場合に生じる困難さに応じた指導内容や指導方法の工夫を計画的、組織的に行うこと。

(5) 第1章第1款の2の(2)に示す道徳教育の目標に基づき、特別活動の特質に応じて適切な指導をすること。

(6) ホームルーム活動については、主としてホームルームごとにホームルーム担任の教師が指導することを原則とし、活動の内容によっては他の教師などの協力を得ることとする。

2　内容の取扱いに当たっては、次の事項に配慮するものとする。

(1) ホームルーム活動及び生徒会活動の指導については、指導内容の特質に応じて、教師の適切な指導の下に、生徒の自発的、自治的な活動が効果的に展開されるようにすること。その際、よりよい生活を築くために自分たちできまりをつくって守る活動などを充実するよう工夫すること。

(2) 生徒及び学校の実態並びに第1章第7款の1に示す道徳教育の重点などを踏まえ、各学年において取り上げる指導内容の重点化を図るとと

もに、必要に応じて、内容間の関連や統合を図ったり、他の内容を加えたりすることができること。

(3) 学校生活への適応や人間関係の形成、教科・科目や進路の選択などについては、主に集団の場面で必要な指導や援助を行うガイダンスと、個々の生徒の多様な実態を踏まえ、一人一人が抱える課題に個別に対応した指導を行うカウンセリング（教育相談を含む。）の双方の趣旨を踏まえて指導を行うこと。特に入学当初においては、個々の生徒が学校生活に適応するとともに、希望や目標をもって生活をできるよう工夫すること。あわせて、生徒の家庭との連絡を密にすること。

(4) 異年齢集団による交流を重視するとともに、幼児、高齢者、障害のある人々などとの交流や対話、障害のある幼児児童生徒との交流及び共同学習の機会を通して、協働することや、他者の役に立ったり社会に貢献したりすることの喜びを得られる活動を充実すること。

(5) 特別活動の一環として学校給食を実施する場合には、食育の観点を踏まえた適切な指導を行うこと。

3　入学式や卒業式などにおいては、その意義を踏まえ、国旗を掲揚するとともに、国歌を斉唱するよう指導するものとする。

附　則

　この告示は、平成34年4月1日から施行する。ただし、改正後の高等学校学習指導要領は、同日以降高等学校の第1学年に入学した生徒（単位制による課程にあっては、同日以降入学した生徒（学校教育法施行規則第91条の規定により入学した生徒で同日前に入学した生徒に係る教育課程により履修するものを除く。））に係る教育課程及び全課程の修了の認定から適用する。

```
┌─────────────────────────┐
│ 小学校学習指導要領        │
│ 第5章　総合的な学習の時間  │
└─────────────────────────┘
```

第1　目　標

　探究的な見方・考え方を働かせ、横断的・総合的な学習を行うことを通して、よりよく課題を解決し、自己の生き方を考えていくための資質・能力を次のとおり育成することを目指す。

(1) 探究的な学習の過程において、課題の解決に必要な知識及び技能を身に付け、課題に関わる概念を形成し探究的な学習のよさを理解するようにする。

(2) 実社会や実生活の中から問いを見いだし、自分で課題を立て、情報を集め、整理・分析して、まとめ・表現することができるようにする。

(3) 探究的な学習に主体的・協働的に取り組むとともに、互いのよさを生かしながら、積極的に社会に参画しようとする態度を養う。

第2　各学校において定める目標及び内容

1　目　標

　各学校においては、第1の目標を踏まえ、各学校の総合的な学習の時間の目標を定める。

2　内　容

　各学校においては、第1の目標を踏まえ、各学校の総合的な学習の時間の内容を定める。

3　各学校において定める目標及び内容の取扱い

　各学校において定める目標及び内容の設定に当たっては、次の事項に配慮するものとする。

(1) 各学校において定める目標については、各学校における教育目標を踏まえ、総合的な学習の時間を通して育成を目指す資質・能力を示すこと。

(2) 各学校において定める目標及び内容については、他教科等の目標及び内容との違いに留意しつつ、他教科等で育成を目指す資質・能力との関連を重視すること。

(3) 各学校において定める目標及び内容については、日常生活や社会との関わりを重視すること。

(4) 各学校において定める内容については、目標を実現するにふさわしい探究課題、探究課題の解決を通して育成を目指す具体的な資質・能力を示すこと。

(5) 目標を実現するにふさわしい探究課題につい

ては、学校の実態に応じて、例えば、国際理解、情報、環境、福祉・健康などの現代的な諸課題に対応する横断的・総合的な課題、地域の人々の暮らし、伝統と文化など地域や学校の特色に応じた課題、児童の興味・関心に基づく課題などを踏まえて設定すること。

(6) 探究課題の解決を通して育成を目指す具体的な資質・能力については、次の事項に配慮すること。

ア　知識及び技能については、他教科等及び総合的な学習の時間で習得する知識及び技能が相互に関連付けられ、社会の中で生きて働くものとして形成されるようにすること。

イ　思考力、判断力、表現力等については、課題の設定、情報の収集、整理・分析、まとめ・表現などの探究的な学習の過程において発揮され、未知の状況において活用できるものとして身に付けられるようにすること。

ウ　学びに向かう力、人間性等については、自分自身に関すること及び他者や社会との関わりに関することの両方の視点を踏まえること。

(7) 目標を実現するにふさわしい探究課題及び探究課題の解決を通して育成を目指す具体的な資質・能力については、教科等を越えた全ての学習の基盤となる資質・能力が育まれ、活用されるものとなるよう配慮すること。

第3　指導計画の作成と内容の取扱い

1　指導計画の作成に当たっては、次の事項に配慮するものとする。

(1) 年間や、単元など内容や時間のまとまりを見通して、その中で育む資質・能力の育成に向けて、児童の主体的・対話的で深い学びの実現を図るようにすること。その際、児童や学校、地域の実態等に応じて、児童が探究的な見方・考え方を働かせ、教科等の枠を超えた横断的・総合的な学習や児童の興味・関心等に基づく学習を行うなど創意工夫を生かした教育活動の充実を図ること。

(2) 全体計画及び年間指導計画の作成に当たっては、学校における全教育活動との関連の下に、目標及び内容、学習活動、指導方法や指導体制、学習の評価の計画などを示すこと。

(3) 他教科等及び総合的な学習の時間で身に付けた資質・能力を相互に関連付け、学習や生活に

おいて生かし、それらが総合的に働くようにすること。その際、言語能力、情報活用能力など全ての学習の基盤となる資質・能力を重視すること。

(4) 他教科等の目標及び内容との違いに留意しつつ、第1の目標並びに第2の各学校において定める目標及び内容を踏まえた適切な学習活動を行うこと。

(5) 各学校における総合的な学習の時間の名称については、各学校において適切に定めること。

(6) 障害のある児童などについては、学習活動を行う場合に生じる困難さに応じた指導内容や指導方法の工夫を計画的、組織的に行うこと。

(7) 第1章総則の第1の2の(2)に示す道徳教育の目標に基づき、道徳科などとの関連を考慮しながら、第3章特別の教科道徳の第2に示す内容について、総合的な学習の時間の特質に応じて適切な指導をすること。

2　第2の内容の取扱いについては、次の事項に配慮するものとする。

(1) 第2の各学校において定める目標及び内容に基づき、児童の学習状況に応じて教師が適切な指導を行うこと。

(2) 探究的な学習の過程においては、他者と協働して課題を解決しようとする学習活動や、言語により分析し、まとめたり表現したりするなどの学習活動が行われるようにすること。その際、例えば、比較する、分類する、関連付けるなどの考えるための技法が活用されるようにすること。

(3) 探究的な学習の過程においては、コンピュータや情報通信ネットワークなどを適切かつ効果的に活用して、情報を収集・整理・発信するなどの学習活動が行われるよう工夫すること。その際、コンピュータで文字を入力するなどの学習の基盤として必要となる情報手段の基本的な操作を習得し、情報や情報手段を主体的に選択し活用できるよう配慮すること。

(4) 自然体験やボランティア活動などの社会体験、ものづくり、生産活動などの体験活動、観察・実験、見学や調査、発表や討論などの学習活動を積極的に取り入れること。

(5) 体験活動については、第1の目標並びに第2の各学校において定める目標及び内容を踏まえ、探究的な学習の過程に適切に位置付けるこ

と。

(6) グループ学習や異年齢集団による学習などの多様な学習形態、地域の人々の協力も得つつ、全教師が一体となって指導に当たるなどの指導体制について工夫を行うこと。

(7) 学校図書館の活用、他の学校との連携、公民館、図書館、博物館等の社会教育施設や社会教育関係団体等の各種団体との連携、地域の教材や学習環境の積極的な活用などの工夫を行うこと。

(8) 国際理解に関する学習を行う際には、探究的な学習に取り組むことを通して、諸外国の生活や文化などを体験したり調査したりするなどの学習活動が行われるようにすること。

(9) 情報に関する学習を行う際には、探究的な学習に取り組むことを通して、情報を収集・整理・発信したり、情報が日常生活や社会に与える影響を考えたりするなどの学習活動が行われるようにすること。第1章総則の第3の1の(3)のイに掲げるプログラミングを体験しながら論理的思考力を身に付けるための学習活動を行う場合には、プログラミングを体験することが、探究的な学習の過程に適切に位置付くようにすること。

> 中学校学習指導要領
> 第4章　総合的な学習の時間

第1　目標

探究的な見方・考え方を働かせ、横断的・総合的な学習を行うことを通して、よりよく課題を解決し、自己の生き方を考えていくための資質・能力を次のとおり育成することを目指す。

(1) 探究的な学習の過程において、課題の解決に必要な知識及び技能を身に付け、課題に関わる概念を形成し、探究的な学習のよさを理解するようにする。

(2) 実社会や実生活の中から問いを見いだし、自分で課題を立て、情報を集め、整理・分析して、まとめ・表現することができるようにする。

(3) 探究的な学習に主体的・協働的に取り組むとともに、互いのよさを生かしながら、積極的に社会に参画しようとする態度を養う。

第2　各学校において定める目標及び内容

1　目標

各学校においては、第1の目標を踏まえ、各学校の総合的な学習の時間の目標を定める。

2　内容

各学校においては、第1の目標を踏まえ、各学校の総合的な学習の時間の内容を定める。

3　各学校において定める目標及び内容の取扱い

各学校において定める目標及び内容の設定に当たっては、次の事項に配慮するものとする。

(1) 各学校において定める目標については、各学校における教育目標を踏まえ、総合的な学習の時間を通して育成を目指す資質・能力を示すこと。

(2) 各学校において定める目標及び内容については、他教科等の目標及び内容との違いに留意しつつ、他教科等で育成を目指す資質・能力との関連を重視すること。

(3) 各学校において定める目標及び内容については、日常生活や社会との関わりを重視すること。

(4) 各学校において定める内容については、目標を実現するにふさわしい探究課題、探究課題の解決を通して育成を目指す具体的な資質・能力を示すこと。

(5) 目標を実現するにふさわしい探究課題については、学校の実態に応じて、例えば、国際理解、情報、環境、福祉・健康などの現代的な諸課題に対応する横断的・総合的な課題、地域や学校の特色に応じた課題、生徒の興味・関心に基づく課題、職業や自己の将来に関する課題などを踏まえて設定すること。

(6) 探究課題の解決を通して育成を目指す具体的な資質・能力については、次の事項に配慮すること。

ア　知識及び技能については、他教科等及び総合的な学習の時間で習得する知識及び技能が相互に関連付けられ、社会の中で生きて働くものとして形成されるようにすること。

イ　思考力、判断力、表現力等については、課題の設定、情報の収集、整理・分析、まとめ・表現などの探究的な学習の過程において発揮され、未知の状況において活用できるものとして身に付けられるようにすること。

ウ　学びに向かう力、人間性等については、自分

自身に関すること及び他者や社会との関わりに関することの両方の視点を踏まえること。

(7) 目標を実現するにふさわしい探究課題及び探究課題の解決を通して育成を目指す具体的な資質・能力については、教科等を越えた全ての学習の基盤となる資質・能力が育まれ、活用されるものとなるよう配慮すること。

第3　指導計画の作成と内容の取扱い

1　指導計画の作成に当たっては、次の事項に配慮するものとする。

(1) 年間や、単元など内容や時間のまとまりを見通して、その中で育む資質・能力の育成に向けて、生徒の主体的・対話的で深い学びの実現を図るようにすること。その際、生徒や学校、地域の実態等に応じて、生徒が探究的な見方・考え方を働かせ、教科等の枠を超えた横断的・総合的な学習や生徒の興味・関心等に基づく学習を行うなど創意工夫を生かした教育活動の充実を図ること。

(2) 全体計画及び年間指導計画の作成に当たっては、学校における全教育活動との関連の下に、目標及び内容、学習活動、指導方法や指導体制、学習の評価の計画などを示すこと。その際、小学校における総合的な学習の時間の取組を踏まえること。

(3) 他教科等及び総合的な学習の時間で身に付けた資質・能力を相互に関連付け、学習や生活において生かし、それらが総合的に働くようにすること。その際、言語能力、情報活用能力など全ての学習の基盤となる資質・能力を重視すること。

(4) 他教科等の目標及び内容との違いに留意しつつ、第1の目標並びに第2の各学校において定める目標及び内容を踏まえた適切な学習活動を行うこと。

(5) 各学校における総合的な学習の時間の名称については、各学校において適切に定めること。

(6) 障害のある生徒などについては、学習活動を行う場合に生じる困難さに応じた指導内容や指導方法の工夫を計画的、組織的に行うこと。

(7) 第1章総則の第1の2の(2)に示す道徳教育の目標に基づき、道徳科などとの関連を考慮しながら、第3章特別の教科道徳の第2に示す内容について、総合的な学習の時間の特質に応じて適切な指導をすること。

2　第2の内容の取扱いについては、次の事項に配慮するものとする。

(1) 第2の各学校において定める目標及び内容に基づき、生徒の学習状況に応じて教師が適切な指導を行うこと。

(2) 探究的な学習の過程においては、他者と協働して課題を解決しようとする学習活動や、言語により分析し、まとめたり表現したりするなどの学習活動が行われるようにすること。その際、例えば、比較する、分類する、関連付けるなどの考えるための技法が活用されるようにすること。

(3) 探究的な学習の過程においては、コンピュータや情報通信ネットワークなどを適切かつ効果的に活用して、情報を収集・整理・発信するなどの学習活動が行われるよう工夫すること。その際、情報や情報手段を主体的に選択し活用できるよう配慮すること。

(4) 自然体験や職場体験活動、ボランティア活動などの社会体験、ものづくり、生産活動などの体験活動、観察・実験、見学や調査、発表や討論などの学習活動を積極的に取り入れること。

(5) 体験活動については、第1の目標並びに第2の各学校において定める目標及び内容を踏まえ、探究的な学習の過程に適切に位置付けること。

(6) グループ学習や異年齢集団による学習などの多様な学習形態、地域の人々の協力も得つつ、全教師が一体となって指導に当たるなどの指導体制について工夫を行うこと。

(7) 学校図書館の活用、他の学校との連携、公民館、図書館、博物館等の社会教育施設や社会教育関係団体等の各種団体との連携、地域の教材や学習環境の積極的な活用などの工夫を行うこと。

(8) 職業や自己の将来に関する学習を行う際には、探究的な学習に取り組むことを通して、自己を理解し、将来の生き方を考えるなどの学習活動が行われるようにすること。

［高等学校学習指導要領
第4章 総合的な探究の時間］

第1 目標

　探究の見方・考え方を働かせ、横断的・総合的な学習を行うことを通して、自己の在り方生き方を考えながら、よりよく課題を発見し解決していくための資質・能力を次のとおり育成することを目指す。

(1) 探究の過程において、課題の発見と解決に必要な知識及び技能を身に付け、課題に関わる概念を形成し、探究の意義や価値を理解するようにする。

(2) 実社会や実生活と自己との関わりから問いを見いだし、自分で課題を立て、情報を集め、整理・分析して、まとめ・表現することができるようにする。

(3) 探究に主体的・協働的に取り組むとともに、互いのよさを生かしながら、新たな価値を創造し、よりよい社会を実現しようとする態度を養う。

第2 各学校において定める目標及び内容

1 目標

　各学校においては、第1の目標を踏まえ、各学校の総合的な探究の時間の目標を定める。

2 内容

　各学校においては、第1の目標を踏まえ、各学校の総合的な探究の時間の内容を定める。

3 各学校において定める目標及び内容の取扱い

　各学校において定める目標及び内容の設定に当たっては、次の事項に配慮するものとする。

(1) 各学校において定める目標については、各学校における教育目標を踏まえ、総合的な探究の時間を通して育成を目指す資質・能力を示すこと。

(2) 各学校において定める目標及び内容については、他教科等の目標及び内容との違いに留意しつつ、他教科等で育成を目指す資質・能力との関連を重視すること。

(3) 各学校において定める目標及び内容については、地域や社会との関わりを重視すること。

(4) 各学校において定める内容については、目標を実現するにふさわしい探究課題、探究課題の解決を通して育成を目指す具体的な資質・能力

を示すこと。

(5) 目標を実現するにふさわしい探究課題については、地域や学校の実態、生徒の特性等に応じて、例えば、国際理解、情報、環境、福祉・健康などの現代的な諸課題に対応する横断的・総合的な課題、地域や学校の特色に応じた課題、生徒の興味・関心に基づく課題、職業や自己の進路に関する課題などを踏まえて設定すること。

(6) 探究課題の解決を通して育成を目指す具体的な資質・能力については、次の事項に配慮すること。

ア 知識及び技能については、他教科等及び総合的な探究の時間で習得する知識及び技能が相互に関連付けられ、社会の中で生きて働くものとして形成されるようにすること。

イ 思考力、判断力、表現力等については、課題の設定、情報の収集、整理・分析、まとめ・表現などの探究の過程において発揮され、未知の状況において活用できるものとして身に付けられるようにすること。

ウ 学びに向かう力、人間性等については、自分自身に関すること及び他者や社会との関わりに関することの両方の視点を踏まえること。

(7) 目標を実現するにふさわしい探究課題及び探究課題の解決を通して育成を目指す具体的な資質・能力については、教科・科目等を越えた全ての学習の基盤となる資質・能力が育まれ、活用されるものとなるよう配慮すること。

第3 指導計画の作成と内容の取扱い

1 指導計画の作成に当たっては、次の事項に配慮するものとする。

(1) 年間や、単元など内容や時間のまとまりを見通して、その中で育む資質・能力の育成に向けて、生徒の主体的・対話的で深い学びの実現を図るようにすること。その際、生徒や学校、地域の実態等に応じて、生徒が探究の見方・考え方を働かせ、教科・科目等の枠を超えた横断的・総合的な学習や生徒の興味・関心等に基づく学習を行うなど創意工夫を生かした教育活動の充実を図ること。

(2) 全体計画及び年間指導計画の作成に当たっては、学校における全教育活動との関連の下に、目標及び内容、学習活動、指導方法や指導体

制、学習の評価の計画などを示すこと。

(3) 目標を実現するにふさわしい探究課題を設定するに当たっては、生徒の多様な課題に対する意識を生かすことができるよう配慮すること。

(4) 他教科等及び総合的な探究の時間で身に付けた資質・能力を相互に関連付け、学習や生活において生かし、それらが総合的に働くようにすること。その際、言語能力、情報活用能力など全ての学習の基盤となる資質・能力を重視すること。

(5) 他教科等の目標及び内容との違いに留意しつつ、第1の目標並びに第2の各学校において定める目標及び内容を踏まえた適切な学習活動を行うこと。

(6) 各学校における総合的な探究の時間の名称については、各学校において適切に定めること。

(7) 障害のある生徒などについては、学習活動を行う場合に生じる困難さに応じた指導内容や指導方法の工夫を計画的、組織的に行うこと。

(8) 総合学科においては、総合的な探究の時間の学習活動として、原則として生徒が興味・関心、進路等に応じて設定した課題について知識や技能の深化、総合化を図る学習活動を含むこと。

2　内容の取扱いに当たっては、次の事項に配慮するものとする。

(1) 第2の各学校において定める目標及び内容に基づき、生徒の学習状況に応じて教師が適切な指導を行うこと。

(2) 課題の設定においては、生徒が自分で課題を発見する過程を重視すること。

(3) 第2の3の(6)のウにおける両方の視点を踏まえた学習を行う際には、これらの視点を生徒が自覚し、内省的に捉えられるよう配慮すること。

(4) 探究の過程においては、他者と協働して課題を解決しようとする学習活動や、言語により分析し、まとめたり表現したりするなどの学習活動が行われるようにすること。その際、例えば、比較する、分類する、関連付けるなどの考えるための技法が自在に活用されるようにすること。

(5) 探究の過程においては、コンピュータや情報通信ネットワークなどを適切かつ効果的に活用して、情報を収集・整理・発信するなどの学習活動が行われるよう工夫すること。その際、情報や情報手段を主体的に選択し活用できるよう配慮すること。

(6) 自然体験や就業体験活動、ボランティア活動などの社会体験、ものづくり、生産活動などの体験活動、観察・実験・実習、調査・研究、発表や討論などの学習活動を積極的に取り入れること。

(7) 体験活動については、第1の目標並びに第2の各学校において定める目標及び内容を踏まえ、探究の過程に適切に位置付けること。

(8) グループ学習や個人研究などの多様な学習形態、地域の人々の協力も得つつ、全教師が一体となって指導に当たるなどの指導体制について工夫を行うこと。

(9) 学校図書館の活用、他の学校との連携、公民館、図書館、博物館等の社会教育施設や社会教育関係団体等の各種団体との連携、地域の教材や学習環境の積極的な活用などの工夫を行うこと。

(10) 職業や自己の進路に関する学習を行う際には、探究に取り組むことを通して、自己を理解し、将来の在り方生き方を考えるなどの学習活動が行われるようにすること。

事項索引

【著者紹介】

田沼　茂紀（たぬま　しげき）

新潟県生まれ。上越教育大学大学院学校教育研究科修了。
國學院大學人間開発学部長。専攻は道徳教育、教育カリキュラム論。
川崎市公立学校教諭を経て高知大学教育学部助教授、同学部教授、同学部附属教育実践総合センター長。
2009年より國學院大學人間開発学部初等教育学科教授。2017年4月より現職。
日本道徳教育学会理事、日本道徳教育方法学会理事、日本道徳教育学会神奈川支部長。
主な単著、『表現構想論で展開する道徳授業』1994年、『子どもの価値意識を育む』1999年、『再考－田島体験学校』2002年（いずれも川崎教育文化研究所刊）、『人間力を育む道徳教育の理論と方法』2011年、『豊かな学びを育む教育課程の理論と方法』2012年、『心の教育と特別活動』2013年、『道徳科で育む21世紀型道徳力』2016年（いずれも北樹出版刊）。
その他の編著『やってみよう！新しい道徳授業』2014年（学研教育みらい刊）、『特別の教科道徳　授業＆評価完全ガイド』2016年（明治図書刊）、『小・中学校道徳科アクティブ・ラーニングの授業展開』2016年（東洋館出版社刊）、『中学校道徳アクティブ・ラーニングに変える7つのアプローチ』2017年（明治図書刊）、『道徳科授業のつくり方』2017年（東洋館出版社刊）、小学校編・中学校編分冊『指導と評価の一体化を実現する道徳科カリキュラム・マネジメント』2017年（学事出版刊）、小学校編・中学校編分冊『道徳科授業のネタ＆アイデア100』2018年（明治図書刊）等多数。

未来を拓く力を育む特別活動

2018年4月20日　初版第1刷発行

著　者　　田　沼　茂　紀

発行者　　木　村　哲　也

定価はカバーに表示　　　印刷　富士見印刷／製本　川島製本

発行所　　株式会社　北 樹 出 版

〒153-0061　東京都目黒区中目黒1-2-6
電話(03)3715-1525(代表)　FAX(03)5720-1488